"十二五"国家重点图书出版规划项目
当代财经管理名著译库
国家出版基金资助项目

GLOBAL IMBALANCES AND THE LESSONS OF BRETTON WOODS

Barry Eichengreen

全球失衡与布雷顿森林的教训

[美]巴里·艾肯格林 著
张群群 译

东北财经大学出版社
Dongbei University of Finance & Economics Press
大连

图书在版编目（CIP）数据

全球失衡与布雷顿森林的教训 /（美）艾肯格林（Eichengreen，B.）著；张群群译．—大连：东北财经大学出版社，2013.11
（金融瞭望译丛）
ISBN 978-7-5654-1321-6

Ⅰ．全…　Ⅱ．①艾…　②张…　Ⅲ．国际货币体系-研究　Ⅳ．F821.1

中国版本图书馆 CIP 数据核字（2013）第 203758 号

东北财经大学出版社出版发行
大连市黑石礁尖山街 217 号　邮政编码　116025
教学支持：（0411）84710309
营 销 部：（0411）84710711
总 编 室：（0411）84710523
网　　址：http://www.dufep.cn
读者信箱：dufep@dufe.edu.cn
大连图腾彩色印刷有限公司印刷

幅面尺寸：170mm×240mm　字数：144 千字　印张：13
2013 年 11 月第 1 版　2013 年 11 月第 1 次印刷
责任编辑：李　季　吉　扬　张旭凤　　责任校对：赵　楠　惠恩乐
封面设计：冀贵收　　版式设计：钟福建
定价：39.00 元

一如既往，献给米歇尔

——巴里·艾肯格林

谨以此译本献给我的导师

尊敬的杨学淇教授

——张群群

中文版导言

在 21 世纪初的十年里，美国对中国的不断增长的庞大贸易逆差，是国际经济图景的显著特征。这也是一条政治导火索。政客们抱怨，中国出口商品的海啸汹涌地冲上美国海岸，使这个国家的产业出现了空心化。据称，处于中国竞争压力之下的劳动者，如美国制造业工人，发现自身难以赶上受到更好庇护的服务业部门的从业者，人们把日益严峻的这类不平等问题归咎于中美之间的失衡。中国的顺差和美国的逆差，被当做造成这场全球金融危机的一个因素。其理由是，中国购买美国的金融资产，目的在于防止人民币汇率上升，避免中国出口下降，由此压低了美国利率，进而促使美国的投资者转向他处寻求收益，尤其是投向了与次级抵押贷款的激增有关的衍生证券。

为了准确地理解中国和美国之间贸易失衡的后果，首先有必要弄清其根源。而在寻找那些根源时，人们大多指出，当前的形势和 20 世纪 60 年代布雷顿森林体系下的国际金融关系之间具有相似之处。20 世纪 60 年代快速增长的经济体，就像现今的中国一样，依赖出口作为经济增长的引擎。如同今天的中国，它们力图防止其汇率对美元过度上升，用这个办法为那部出口机器加油添火。作为高速增长的经济体，它们拥有很高的储蓄率，进而转化为持续不断的国际收支盈余。

就美国而言，在布雷顿森林体系下，它是安全可靠的速动资产最重要的来源国，就像如今它是安全可靠的速动资产最重要的来源国一样。美国可以保持经常账户逆差，并通过出口美国政府债券为此筹集资金，而其他国家的中央银行则会积攒美国国债。

因此，布雷顿森林体系具有许多同我们当前的国际货币与金融体系一样的特征。那个时代的新兴市场竭力保持其货币对美元的汇率稳定。它们对安全可靠的速动资产的需求——换言之，即是它们积累国际储备的热望——导致其维持了长期的国际收支顺差，并使美国得以维持了长期的国际收支逆差。种种结果形成的这一格局持续经年。许多人从中得到的启示是，中美之间的失衡也许同样会持续许多年。

在《全球失衡与布雷顿森林的教训》这本最初用英文出版于2007年的书里，我对这一推定提出了质疑。依我看，这两个国家之间的失衡，其实不会像其他评论者们所说的那样，再持续十年或更久。在原来的布雷顿森林体系之下，钉住汇率与美国长期的逆差实际上仅仅共存了十年。按照这个标准，相比之下，美国与中国之间的“全球失衡”已然是马齿日增。而且，和这段历史完全不同，有充分的理由认定，对美国与中国之间的失衡进行调整宜早不宜迟。随着中国经济进一步的增长和发展，工资水平会有上涨的压力，由此将削弱该国出口商品的竞争力，并减弱其对于把出口当成经济增长引擎的依赖。随着中国的金融市场对世界其他经济体变得更为开放，将会出现向更灵活的、由市场决定的汇率转变的压力。消费占国内生产总值（GDP）的份额原来特别低，但这一份额将会有所上升；而中国的储蓄率则会开始下降。出于所有这些原因，我当时的结论是：通常是从布雷顿森林体系的经验出发所得出的启示，即美国与中国之间的双边失衡很可能会持续下去，完全是错误的。

如今出现了正在进行这种调整的种种迹象。自 2007 年起，中国人民币兑美元的双边汇率（剔除通货膨胀因素）已有了大幅升值。1971—1973 年期间，危机破坏性的调整导致了实行钉住但可调整的汇率的布雷顿森林体系走向终结。与此形成了鲜明对照，如今的措施至少提供了实现平稳调整的可能性。美国与中国之间的双边贸易失衡仍会保持较大规模；但是，在这场金融危机过后，若美国的储蓄率确实能够长久地保持在较高水平，美中贸易失衡的规模现在就可能减小，中国的家庭消费也会开始增加。

过往并非是未来的完美指南，但是，理解过往的一切，对于思索未来将会带来什么的任何一个人而言，无疑均有裨益。本书的第 1 章，引导读者穿越有关布雷顿森林的历史。第 2 章接着描述了在该体系的管理方面进行合作的种种国际努力——类似于近年来二十国集团为巩固和改革国际货币与金融体系所付出的努力。第 3 章解释了在那个时代最重要的高增长经济体，即日本，如何从钉住货币的固定汇率转变为浮动汇率，指出了现在的中国应当从中吸取的教训。第 4 章最后探寻持续不断地进行着的这种过渡对于国际储备体系将意味着什么，以及人民币是否很快就会挑战美元作为国际货币和储备货币的地位。

我的希望是，中国的读者们在思考他们的国家应该如何以有益于所有各相关方的方式影响当前国际货币与金融体系的改革时，将会运用这段历史，从中受到启发和鼓舞。

巴里·艾肯格林
加利福尼亚州伯克利
2013 年 3 月

凯洛里讲座丛书前言

里卡多·凯洛里（Ricardo Cairoli，1921—1998）是一位成功的企业家和忠诚的政府官员。在其全部的职业生涯里，他献身于增进阿根廷的社会福祉。1991 年，他创立了资本市场阿根廷（Capital Markets Argentina），这是该国主要的独立投资公司之一，提供经纪和资产管理服务。自成立之初开始，该公司一直参与许多慈善活动。目前，他的妻子海迪·莫蒂奥·德·凯洛里夫人（Haydee Morteo de Cairoli）及其子女格蕾西拉（Graciela）和巴勃罗（Pablo）继续支持高等教育，其中一项计划即是赞助资本市场公司企业经济学年会（Capital Markets Corporation Conference in Business Economics）。这些会议由托尔夸托迪特利亚大学（Universidad Torcuato Di Tella）主办。这所私立大学创立于 1991 年，已迅速确立了作为拉丁美洲社会科学教育和研究中心的卓越声望。年会系列讲座计划的实施和凯洛里讲座丛书的出版，体现了资本市场阿根廷和托尔夸托迪特利亚大学对推动知识进步的共同承诺。

英文版序言

这本小册子所传达的大启示是，要真正弄清历史的政策含义，就必须仔细阅读历史。我把迈克·杜利（Michael Dooley）、戴维·福克茨兰多（David Folkerts-Landau）和彼得·加伯（Peter Garber）[①] 所撰写的一系列文章，作为我的陪衬。这三位作者运用在 20 世纪 50 年代末至 70 年代初运作的布雷顿森林国际货币体系的历史资料，对当今国际金融体系的运作阐述了一些观点，影响广泛。根据杜利、福克茨兰多和加伯的看法，过去和现在一样，美国占据着国际体系中心的非对称的地位，维持着国际收支逆差，向其他国家提供国际储备，并且，为美国之外的整个世界充当着最终的

---

① 迈克·杜利（Michael Dooley），美国加州大学圣克鲁兹校区教授，曾任职于美联储和国际货币基金组织；其主要研究领域为开放经济宏观经济学，研究重点是布雷顿森林体系 II、新兴市场危机、债务管理和金融市场自由化等。戴维·福克茨兰多（David Folkerts-Landau），德意志银行首席经济学家，曾任职于国际货币基金组织；其主要研究领域为布雷顿森林体系 II、央行货币政策与汇率制度等。彼得·加伯（Peter Garber），任职于德意志银行，其主要研究领域为布雷顿森林体系 II、利率与汇率政策等。——译者注

出口市场。其他国家将其货币钉住美元。纵然面对持续已久的美国国际收支逆差，即使他们享有了相对迅速的生产率增长，由于担忧中断出口导向型增长的进程，担心其外汇储备遭受资本损失，那些国家仍不愿意升值本币。基于这些结构性因素，原来的布雷顿森林体系持续了许多年。其隐含的意思是，近年来自然而然发展起来的这种新的非正式的布雷顿森林体系，有可能将被证明，同样会持久不衰。换言之，既然结构性因素构成了当前汇率模式（币值被低估的亚洲货币和币值被高估的美元）和全球失衡（亚洲顺差和美国逆差）的基础，这种形势未来就可能会持续相当长的一段时间。

一如既往，越是严密地考察历史，历史看起来就越是复杂。根据更为严密的详细研究，和 20 世纪 60 年代相比，当今世界经济结构上的重大差异是显而易见的。把这些因素综合起来考察所得出的结论是，当前的汇率格局和国际收支失衡，不可能像原来的布雷顿森林体系持续那么长久。

第 1 章提供了有关这些差异的全面概述。然后，接下来的各章详细展开了这些对比。第 2 章考察了黄金总库，其他发达国家的中央银行借助这项集体协议，试图抵抗出售美元购进黄金使其储备多样化的诱惑，从而阻止其货币升值。研究表明，对于那些相信当代的各国央行将继续共同采取行动支持美元的人们来说，黄金总库的历史无法打消他们的疑虑。第 3 章考察了日本的案例。日本曾长期使日元钉住美元，而且追求出口导向型增长的政策，但在 1971 年至 1973 年，使日元升值，随后实行浮动汇率。日本的这段历史表明，迅速增长、依赖出口的经济体有可能退出钉住汇率，同时又不杀掉经济增长的金鹅；而且，那时的日本和现在的中国之间的差异，使这种潜在的情景现在甚至更有可能出现。最后，第 4 章，引申出关于以下事实的含义，即，不同于 20 世纪 60 年代的情况，如今针对美元存在着一个羽翼丰满的对手，那就是欧元。

上述每一章都阐释了，历史类比在提供对当前境况和未来前景的解释方面所拥有的力量。但是，类比的力量不只是在于找出两个历史场景之间的相似之处，而是在于突出强调两者之间的差异。本书中所强调的，恰恰是那些差异及其对于美元和世界前景的相对悲观的含义。

这些章节的早期版本，曾在阿根廷布宜诺斯艾利斯托尔夸托迪特利亚大学的凯洛里讲座上讲授。我感谢费德里科·斯特泽尼格（Federico Sturzenegger）[①]的邀请以及对手稿的评论，感谢格蕾西拉·凯洛里（Graciela Carioli）和她的家族对这一系列讲座的资助。我在阿根廷的朋友们，不仅包括那些学术界的友人，也包括供职于资本市场和中央银行的朋友们，创造了鼓舞人心的氛围，使我对布宜诺斯艾利斯的访问充满了生气。特别感谢托尔夸托迪特利亚大学校长胡安·巴勃罗·尼科利尼（Juan Pablo Nicolini）付出辛劳为我提供便利。

部分章节此前曾给另一些听众试讲。第 1 章是我在伦敦城市大学（City University in London）给卡斯商学院（Cass Business School）所作的桑顿讲座（Thornton Lecture）授课的基础。第 4 章是我在英国莱切斯特举办的经济史学会年会上所做的托尼讲座（Tawney Lecture）的改写稿。我感谢那两次听众的反馈。

第 3 章是我和日本银行的畑濑真理子（Mariko Hatase）合写的，她非常好心地同意了本文收入此书之中。[②]关于原始资料方面

---

① 费德里科·斯特泽尼格（Federico Sturzenegger），阿根廷托尔夸托迪特利亚大学经济学教授，其主要研究领域为汇率制度、新兴市场经济的债务危机和拉美国家的经济改革等。——译者注

② 文中所表达的任何观点均不代表日本银行的立场。[畑濑真理子（Mariko Hatase），1968 年生，毕业于日本东京大学和英国剑桥大学，现供职于日本银行金融研究所。——译者注]

的帮助，我感谢罗伯特·所罗门（Robert Solomon）和皮特·克莱门特（Piet Clement）。我还要感谢获准参考来自美国国家档案馆、国际清算银行档案馆和伦敦档案局的资料。在麻省理工学院出版社，伊丽莎白·默里（Elizabeth Murry）和她的高效率的职员们使手稿付梓成书的过程尽可能地变得没有痛苦。我感谢她们所有人！

历史本身经常重演，初为悲剧，继以闹剧。

——卡尔·马克思[1]

历史本身经常重演；历史学家们则人云亦云。

——菲利普·圭达拉[2]

---

① 卡尔·马克思（Karl Marx）（1818—1883），伟大的政治家、哲学家、经济学家和革命理论家，全世界无产阶级的伟大导师、科学社会主义的创始人。其主要著作有《资本论》、《共产党宣言》等。——译者注

② 菲利普·圭达拉（Philip Guedalla）（1889—1944），英国出庭律师，颇受欢迎的历史作家、游记作家和传记作家，他以睿智和警句隽语著称于世。其传记作品在中国翻译出版的有《威灵顿》。——译者注

目 录

图表目录

第1章　全球失衡与布雷顿森林的教训

一个很有影响的思想流派把当今的国际货币和金融体系看做复活的布雷顿森林体系。① 如今，和40年前一样，国际体系是由核心经济体和外围经济体构成的。核心经济体拥有发行被用做国际储备的货币的过分特权，而且具有寅吃卯粮的倾向。外围经济体，走在追赶核心经济体的漫漫长路之上，以维持被低估的汇率为基础，致力于出口导向型增长；其必然的结果是，外围经济体积累了大量的由中心国家发行，以中心国家的货币标值计价的低收益的国际储备。在20世纪60年代，核心是美国，外围是欧洲和日本，发展中国家尚未被完全整合到国际体系之中。随着全球化的扩展，现在有了新的外围，即亚洲新兴市场，但核心依旧还是美国，同样具有寅吃卯粮的倾向。② 除了局中人的身份变化之外，那时和现在之间的

① 参见杜利、福克茨兰多和加伯（Dooley，Folkerts-Landau，and Garber 2003）。

② 有些人会把拉丁美洲作为新外围的组成部分纳入进来。尤其是阿根廷，看起来已在致力于以低估的汇率为基础的出口导向型增长的进程。

2 主要差异是，如今存在着第三集团，即欧洲，既不在追赶者的外围之列，也不具备拥有储备货币的国家寅吃卯粮的能力。

认为现在存在着一种新的、非正式的布雷顿森林类型的体系，这一当代观点产生了强有力的预测。这暗示着，当前的国际清算模式可得以维系下去，即使不是永无限期，那么至少也会持续很久。美国可以继续保持经常账户逆差，因为亚洲新兴市场渴望以美元形式积累更多的国际储备。既然没有必要进行国际收支的调整，特别是，亚洲各国不愿看到它们的货币进一步升值，美元就没有理由进一步下跌。中国拥有两亿就业不足的农村劳动人口，仍然有待于被吸收到现代部门中去，而这部分劳动力的转移速度每年只能达到一千万到两千万。这一事实暗示着，中国仍将致力于其出口导向型增长战略十年或二十年。由此产生的结果是，当前的汇率和国际收支模式可以维持至少同样长的时间。

观察国际清算模式和国际货币与金融体系结构的这种方式，有许多可取之处。其中的一个可取之处就是，这一观察方式促使我们思考，作为一个范围更广的国际体系中相互依赖的组成部分，各个
3 国家的国际收支是如何组合在一起的。尽管系统分析在有关国际货币与金融体系的文献中曾一度是老生常谈，但近年来这些分析已经落伍了。因此，拥护这种新观点的人应该得到赞赏，因为他们提醒我们，还存在着国际货币体系这么一回事，而且，把储备变化包括在内的全球国际收支余额的总和必然为零，这对于我们如何思考这个世界的问题，是有意义的。

此外，这种新观点首先可以帮助我们理解当今的全球失衡是如何产生的。尤其是亚洲的发展中国家，长久以来致力于实施出口导向型增长政策。钉住汇率以及在其经济体和经常账户变得强大之时抵抗升值压力，一直居于它们发展战略的中心。在追求这一发展方式方面，中国只不过是遵循了东亚新工业化经济体的发展路径，而

后者则是追随了日本的足迹。[①] 毫无疑问，它们的储备积累是干预外汇市场以保持其货币币值低估的伴生物，这反而是出口导向型增长战略的必然结果。如果说，相对于在允许货币升值时可以达到的水平，在短期内，这意味着较低的收入和较差的生活水平。那么，只要这么做可以转变成为更加快速的增长，以及将来某个时候甚至是更高的生活水平，这也没什么不好。

与原来的布雷顿森林体系中的外围，即 20 世纪 50 年代和 60
年代的欧洲和日本，所做的这个类比是直截了当的。我本人把这一 4
时期欧洲社会契约的特征概括为，人们愿意以工资限制和接受较低水平的消费率，相应地换取更加快速的投资和出口增长率，以高速的投资和出口增长让人们相信，在未来某个时候有可能享有非常之高的生活水平。[②] 其他研究者已强调了在日本的高速增长时期同样的因素所发挥的作用。[③] 随着高速增长时期的推进，日益被低估的汇率，是这一进程所不可或缺的。[④]

再者，毫无疑问，美国在当今的国际货币与金融体系中发挥着独特的作用，就像 40 年前的情况一样。美国一直能够保持经常账户逆差，而不会看到美元币值相对于外围经济体的货币显著下跌，因为后者为保持自身在美国市场上的地位而忧心忡忡。这促使外围经济体的中央银行通过购进美元实施干预，以防止其汇率升值。它们愿意积累储备，这是其经济和贸易持续增长这个事实所造成的结果。20 世纪 90 年代新兴市场的危机所带来的教训，强化了这一倾

---

① 在后面的第 3 章里，对中国和日本的情况进行了详尽的比较。

② 参见艾肯格林（Eichengreen 1996b）。

③ 例如，可参见大川一司和亨利·罗索夫斯基（Ohkawa and Rosovsky 1973）。

④ 计算这一时期欧洲和日本的实际汇率的一种方法是，把欧洲和日本的工资以通行的名义汇率换算成美元，并与美国的工资相比较。这提醒我们，工资限制和低估的汇率只不过是同一枚硬币的两面而已。关于这一点的更多内容，可参见第 3 章。

向——也就是说，这个世界是个充满风险的地方，各国政府必须通过积累国际储备，来确保有能力抵挡资金流向的骤然变动。而且，它们愿意积累美元形式的储备，反映了美国金融市场无可比拟的规模和流动性，这使得持有美元形式的资产对其他国家具有吸引力。

5 反过来，这些政策影响了美国调整其政策组合的动力。美国很少感受到控制公共支出的压力——用20世纪60年代的词来说，就是在枪炮和奶油之间做出取舍的压力，因为美国注入世界经济之中的以美元标价计值的证券，被竭力扩充其储备的亚洲各国央行高高兴兴地吸纳了。其结果是美元较少贬值。既然美国的扩张性货币政策和财政政策所采取的刺激需求措施，与来自中国和其他新兴市场的供给增加匹配在一起，结果就是通货膨胀水平较低。这意味着美国联邦储备委员会提高利率的压力很小，从而缓解了中央银行在保持价格稳定和实施有利于增长和就业的货币政策两者之间进行抉择的必要性。既然享有低廉的筹资成本，美国政府就可以做到鱼和熊掌两者兼得，在不必借助于增税的情况下，既提高防务支出，又增加社会项目支出。除美国之外，对其他国家来说，要防止其货币对美元升值，那就意味着，得实行与美国联邦储备委员会的政策相适应的措施，亦步亦趋地跟在美联储后面。其结果就是扩张了信用总量，降低了实际利率。这些开始时呈现为“泡沫泛起”的资产市场，最终，如某些评论者所担心的那样，则表现为加速的通货膨胀。①

赞扬的话就此打住。现在我将证明，这一类比和对布雷顿森林体系的特征所做的概括，对于思考当前的国际货币与金融体系的发

① 关于这方面的比较研究，可参见国际清算银行（BIS2005，第180页以后的内容）。

展前景而言，是一种误导性的思维方式。这些分析混淆了在原有的 6
布雷顿森林体系下单个国家所面对的激励和国家集团现在所面对的激励。它们设想存在着一个被称做外围的具有凝聚力的国家联盟，它们做好了准备，而且能够为捍卫其集体利益而采取行动。在 20 世纪 60 年代存在着这样一个卡特尔的想法，并非全然是牵强附会；这样的卡特尔叫做黄金总库（Gold Pool）。① 但是，历史证明，这个卡特尔就像绝大多数卡特尔一样，恰恰是在极其需要团结之时——也就是说，当必须采取集体行动以维持这个体系时，却不可能做到团结一致。同样的道理也适用于今天：组成了新外围的亚洲国家，同样无法做到使其各自的利益服从于集体利益。

这样一幅新布雷顿森林体系的图景，其另一个误导之处是，它低估了这个世界已经发生了多么巨大的变化。和 20 世纪 60 年代的情况相比，外围的成员数量更繁多，异质性更强。那个时候，我们实质上是在谈论欧洲和日本。欧洲各国具有共同的历史经验，而且那时已经开始组建方便采取集体行动和实施跨国治理的组织机构。日本，由于独特的历史原因，当时愿意为美国的经济和金融政策提供不同寻常的支持。反观今日之亚洲，支持美国并非优先选项。各国经济发展阶段和由此决定的政策重点各不相同，这造成了界定集
体利益更为艰难。加之相比 40 年前的欧洲，亚洲区域合作的制度 7
化程度更其贫弱。这使得亚洲国家将携手维持现状的假设变得不那么可靠。

第二，现在摆脱美元作为下一步的最佳选择反而具有吸引力。截至 20 世纪 60 年代中期，美国的货币黄金储备，已经降至 40 年

① 黄金总库由比利时、法国、德国、意大利、荷兰、瑞士、英国和美国组成。黄金总库是第 2 章的主题。

代后半段曾达到的250亿美元的仅仅一半的水平。从全球来看，那时黄金的供给缺乏弹性。英镑是第二种最重要的储备货币，但它几乎算不上一种有吸引力的选择。无论各国中央银行那时是否喜欢这种形势，它都为当时的国际体系提供了稳定性。相比之下，如今有了欧元。

第三，各外国央行持有美元的意愿及其卡特尔的凝聚力，取决于它们如何看待发行储备货币的国家对于维护其索取权的价值的承诺。在布雷顿森林体系下，美国至少接受了一项一般认定的承诺，即按照固定价格保持美元与黄金的可兑换性。相比之下，现在美国政策制定者的意图更为含糊不清。现今美国的财政赤字体现了这个国家的低储蓄率，这对其债务在当前价格水平上的可持续性来说并非吉兆。在这个意义上，相对于其他外国货币，美元保持其币值稳定的前景也就更不可靠了。这种情况与20世纪60年代形成了鲜明对比，那时美国资本流出体现了较高的储蓄率，对债务的可持续性更为有利。

8 第四，资本账户管制的解除，使抑制给现行汇率格局带来压力的私人金融交易变得更加艰难。这迫使各国中央银行为维持现状，采取更为广泛、成本高昂而又困难重重的本外币对冲操作。

第五，国内金融市场的自由化意味着，保持低汇率和高国内储蓄率，不再能够保证超额投资集中于贸易产品部门。在现今解除了管制的金融环境里，存在着放松信贷条件把投资注入非贸易产品领域的倾向，尤其是投资于房地产，从而刺激了建筑业的兴起，也加剧了金融脆弱性。亚洲各国政府越来越体会到，现行战略引发了这些风险，于是形成了尽早予以修正的动机。

最后一点是，亚洲各国的政策制定者们并非没有注意到这段历史。他们懂得，沧海桑田，为促进出口导向型增长而采取的低估币值的一系列做法，其吸引力已大大降低了。这使他们不大可能继续盲目地重复过去的政策。

1.1　回到未来

有关第二次世界大战（以下简称“二战”）后的货币秩序曾有相互竞争的不同愿景，而布雷顿森林体系是不同愿景之间相互妥协的折中方案。为了眼下说明之便，采用英国观点与美国观点这种常 9
见的区分就够了，尽管 1944 年在新罕布什尔州布雷顿森林召集的那次会议上，实际上还提出了许多别的观点。美国非常重视稳定的货币政策，考虑到该国在 20 世纪 30 年代所经受的动荡，这是一个可以理解的目标。相反，英国格外重视货币行动自由，同样这也是一个可以理解的目标，因为在 20 世纪 20 年代，英格兰银行一直被禁止根据经济所需改变政策。妥协方案是，黄金储备作为布雷顿森林体系的最后靠山，但其条件是，要扩大各国中央银行的自主权。美国认可了，实际上是欣然接受了以每盎司 35 美元的价格兑付黄金的义务。但是，这项义务只提供给其官方的外国债权人，而不提供给私人的市场参与者。[①] 而其他货币就可以钉住美元而不是黄金。

第一项妥协是和第二项妥协联系在一起的。美国希望实行钉住汇率，以促进国际贸易的复苏；而英国则希望进行汇率调整，以便能够实行为维持内部平衡所必需的政策。第二项妥协调和了美国与英国的这两种不同要求。那时的结果尴尬地被称为**可调整的钉住**，

① 在 1934 年，美国已经停止使用黄金作为通货。

所谓可调整是理论上的，而非在实践中的可调整。至少从原则上讲，是可以改变汇率的，但其具体的条件是什么，人们却谨慎地未作明确规定。① 恰恰是这一点，使凯恩斯在其对英国上议院所作的
10 著名演讲中可以坚称，英国实际上并不是在用一种新的金本位制来束缚自己。②

依此类推，那第二项妥协是和第三项妥协联系在一起的。也就是说，美国要求货币可兑换，而英国竭力主张维持管制。第三项妥协即是调和这两种立场。其结果是，承诺在初期恢复经常账户的可兑换性，在欧洲这发生在 1959 年末，在日本则是发生在几年之后；但同时，授权无限期地维持对资本账户交易的管制，对有些国家来说，这项规定直到今天仍然有效。

尽管布雷顿森林体系名义上是以黄金为基础的，但从一开始，它实际上就是一种黄金与美元挂钩的体制。从 1968 年双重黄金市场的创立开始，特别是随着黄金兑换窗口的关闭，从 1971 年夏天开始，它实际上是一种美元本位制。在全球黄金供给缺乏弹性的情况下，美元实质上提供了国际储备随着时间延续而出现的全部增量，其他国家货币的作用则微不足道。1968 年设立特别提款权（SDRs）动手太晚，以致无法改变这一根本事实，因为这项协议花

---

① “其具体的条件是什么，人们却谨慎地未作明确规定。”我这么说的意思是，“根本性失衡”决定了可以改变汇率平价的条件，而不对“根本性失衡”这个术语的含义作界定，这是一项有意为之的决定。

② 参见凯恩斯（Keynes 1944）。[约翰·梅纳德·凯恩斯（John Maynard Keynes，1883—1946），英国经济学家，其思想深刻地影响了现代宏观经济理论与实践，启发了各国政府的经济政策。他被公认为现代宏观经济学的创建者之一，20 世纪最具影响力的经济学家。其代表作有《就业、利息和货币通论》以及《货币论》等。在 20 世纪 40 年代的“二战”后期及战后初期，他参与了国际货币基金组织、国际复兴开发银行（即世界银行）和关贸总协定（世贸组织的前身）等机构的组建工作，是当今世界经济秩序的主要奠基人之一。——译者注]

了几年才得以实施，而第一次分配特别提款权是在 1970 年至 1972 年间才进行的。

尽管除美国之外的其他国家，只有在美国保持国际收支逆差的情况下，才能获得额外的储备，但是，由于诸多原因，这些逆差还是造成了不安。作为可以发行储备货币的国家，美国的这种地位使它可以寅吃卯粮：进口外国商品，收购外国公司，并从事对外军事 11
冒险，美国可以同时做这些事情。夏尔·戴高乐（Charles De Gaulle）[①] 及其政治追随者们觉得，这些特权尤其令人反感。人们怨声载道，抱怨美国凭借美元在国际金融体系中无可比拟的地位，拥有了一种“过分的特权”。[②] 在 20 世纪 60 年代，对黄金的美元价格的压力以及官方的黄金损失，是美国的政策制定者们持续关注的问题，但这些压力丝毫不能减少那些抱怨。

外国中央银行和外国政府对握有巨额美元储备感到不安的另一个原因是，美元是否会保持其币值稳定是不确定的。假如美元相对于黄金或其他货币贬值，外国中央银行就会遭受资本损失。假如它们通过将其美元与黄金做互换来寻求自我保护，就反而会促使他们日益担心的那种危机真正地发生。假如美国试图通过采取更具约束性的货币与财政政策，或者更为可能出现的情形是，出于国内政治的需要，诉诸保护主义，缩减对进口商品的需求，以此来维护美元的币值，那么，外国经济体就会丧失进入它们所

---

① 夏尔·戴高乐（Charles De Gaulle，1890—1970），法国军事家、政治家，他本是第一次世界大战老兵，后来在二战期间领导了自由法国运动，在二战后成立法兰西第五共和国并担任第一任总统。戴高乐主张制定泛欧洲外交政策，努力减少美国和英国的影响。——译者注

② 古林查斯和雷伊（Gourinchas and Rey 2005）指出，“过分的特权”这个说法并没有出现在戴高乐的讲演中，而实际上是法国财政部长瓦勒里·季斯卡·德斯坦（Valéry Giscard d'Estaing）在 1965 年讲的。

依赖的出口市场的通道。同样是出于这些考虑，外国政府不愿意让其货币相对于美元升值，尽管它们那些国家经济增长更为迅速，竞争力大为提高，储备显著增加，而又对美国的国际收支逆差持有异议。[①]

12 所有这段历史具有引人注意的当代回响。过去一如现在，其他国家欣然接受自己获得美元储备的能力，而且看重它们能够进入不断扩张的美国出口市场。过去一如现在，它们不愿意升值本币，因为担心这会影响到出口导向型增长的前景以及国际货币与金融体系的稳定性。由于看不到别的出路，它们凭借多种多样的特别措施，使该体系持续运行了十多年之久。这段历史可能带给人们的启示是，当代的政策制定者们除了重蹈覆辙，同样看不到别的出路。

与此同时，20 世纪 60 年代在几个重要方面与现在不同。与当前的地位相反，在整个这段时期内，美国的贸易和经常账户余额都是呈现为巨额顺差（见图 1—1）。确实，自二战以来，美国的贸易收支一直是顺差。同样，从 1954 年到 1971 年，其经常账户也是持续顺差，唯一的例外是 1959 年。在 20 世纪 60 年代前半段，美国的经常账户持续走强，直至美国海外军费开支的增长导致盈余额的逐步下降。[②] 但那时是存在顺差的。

所以，从 1944 年到 1973 年，也就是正式的布雷顿森林体系存在的这段时间里，美国自始至终都是净对外投资国。同时代的人们注意到了这个事实。在那些年里，法国和其他国家的评论家们开始

---

① 在这段时期仅有的值得关注的两次升值分别是，德国和荷兰于 1961 年升值德国马克和荷兰盾，德国于 1969 年升值德国马克。

② 1965 年后，美国在海外的直接军费开支急剧增长。政府账户余额的恶化几乎就是其镜像。

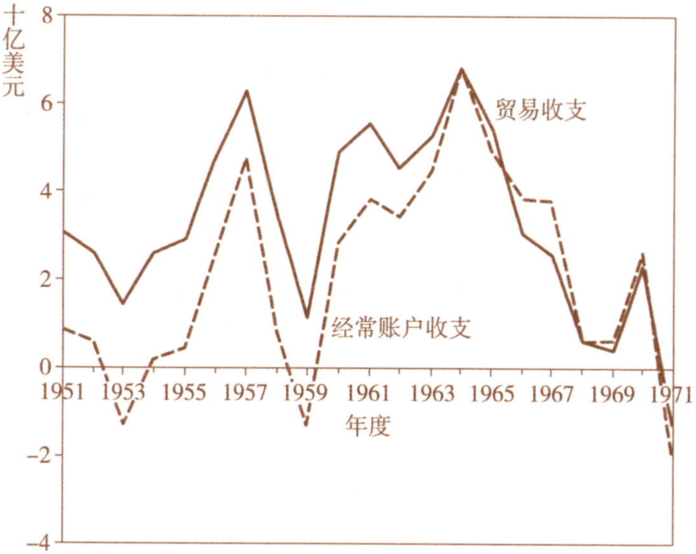

图 1—1　美国贸易收支和经常账户收支（1951—1971 年）

资料来源：*U. S. President*（*1984*）.

意识到总部设在美国的跨国公司日益增强的存在感，他们担心美国将会以低廉的价格，把他们的资产全部买光。①

但是，即使是美国这样拥有规模最大、流动性最高的金融市场的国家，可以凭借在国外出售低收益的债券，同时积累高收益的对外直接投资，占到美元享有独一无二的特殊地位这个便宜，但是要把这个局面无限期地保持下去，那也是没有任何保证的。尽管美国在其金融市场的战后发展方面拥有抢先起步的优势，而其他国家在二战后，不得不保持多年的严格管制，但在这种情况下，逐渐得到 14
良好发展的银行中介提供了异于证券化金融的不同选择。再者，金融自由化和金融发展持续推进。金融方面的赶超，恰恰是二战之后的 25 年里，在经济合作与发展组织（OECD）内更为广泛的赶超

① 从法国视角对这个问题所做的经典表述是塞文施赖伯（Servan-Schreiber 1967）。

进程的一个方面。

而且，当加速的通货膨胀增大了美国投资品的资本损失危险时，其他国家会发现，通过在美国投资于易变现的银行储蓄和国库证券，并作为回报得到不易变现的对外直接投资，获得这样的到期转换服务没有什么吸引力。在某一时间，贸易条件可能是完全没有吸引力的，短期资本流入会戛然而止，短期资本流动的方向甚至可能反转。如果长期资本的流动出现反转的速度更慢，就像那时的人们所认为的那样，其结果就可能是美国出现危机。

然而，以当今的视角来看，资本流动的构成是个次要问题。关键点在于，在原来的布雷顿森林体系下，美国净资本流动的方向是强有力地向外流动的。贯穿 20 世纪 60 年代始终，美国国内储蓄超过了国内投资，尽管在 1968 年和 1969 年差额较小。过多的储蓄可以用来到国外投资于有收益的资产——投资于总部设在美国的公司在外国的分厂、外国政府发行的证券以及其他多种多样的外国资产，其利润和分红在国际收支平衡表中表现为贷项。到头来，对未
15 来国外收益的这些预期尚不足以消除市场的疑虑。但是，不妨设想一下，假如，除此之外，那时还存在着使美国储蓄率降低，并造成经常账户逆差的其他扭曲因素，那么，情况将会变得多么糟糕，该体系中的信心将会多么迅速地消退！

回首过去，惹人注目的是，偷工减料的解决办法竟然让这个体系维持了这么多年。对于维持当前缺乏有效组织的体系免遭灭顶之灾的种种努力来说，要判定是否应把过往的这段历史视为蕴含着某些宝贵的经验，则需要更细致地考察官员们和政策制定者们的动机与策略。把货币黄金从美国金库向世界其他国家的金库重新分配，从根本上来讲，这是一种健康的现象——大概是在 1947 年，美国拥有世界货币黄金总量的 2/3，其数量之巨，不可持续；截至 20 世纪 50 年代末，美国所占份额已降到不足 50%，这种变动趋势被

视作一种警报。在苏伊士运河危机发生之后[①]的1958年，美国黄金储备的这种变动趋势看起来变得更糟了（见图1－2）。1956年，美国坚持要求法国、英国和以色列从苏伊士运河撤军，而且华盛顿威胁，如若必要，将采取政治手段迫使它们就范。这一插曲导致了诸多政治问题和经济困难，最著名的就是1957年和1958年发生在法国的事件。反过来，这可能强化了法国针对基于美元的国际货币体系的反对立场。[②] 接着，1959年经常账户从顺差转变为逆差，造成了未来有可能出现更大逆差的担忧。在1960年的大部分时间里，民主党总统候选人约翰·F. 肯尼迪在国际货币问题上的意图含糊 16

① 苏伊士运河危机（Suez Crisis），又称苏伊士运河战争、第二次中东战争、第二次阿以战争、西奈战役、卡代什行动。这场外交和军事对抗的一方是埃及，另一方是英国、法国和以色列。战争发生于1956年10月29日至11月8日，是英法为夺得苏伊士运河的控制权和推翻埃及的纳塞尔政权，与以色列联合，对埃及发动的军事行动。英法以三国的行动遭到国际社会的普遍指责。美苏和联合国在迫使英法以三国撤军方面发挥了重要作用。美苏两国均深度介入此事件，并对三国施加压力。11月6日，在强大的国际压力下，英法两国被迫接受停火决议，以色列也在11月8日同意撤出西奈半岛。英法两国的军事冒险最终以失败告终，只有以色列一定程度上达到了自身目的，获得了蒂朗海峡的自由通航权。这场战争也标志着美国和苏联两个超级大国成为真正主宰中东乃至全世界的力量。有部分研究者认为，这场危机始于埃及总统纳塞尔在1956年7月26日宣布对苏伊士运河实行国有化，以及英法以三国对此危机的应对，直到1957年3月以色列军队最终撤出西奈半岛后，苏伊士运河于1957年4月24日重新对航运船舶完全开放为止。值得注意的是，作为英法以三国盟友的美国不满这次秘密的军事行动，将英法的侵略视为旧殖民主义的再次体现。除在外交上对英国施压之外，在经济上，美国政府故意抛售英镑，导致英镑汇率浮动并贬值15%，同时否决了英国向国际货币基金组织的贷款申请，停止向英国提供经济援助。——译者注

② 参见布洛克（Block 1977）。

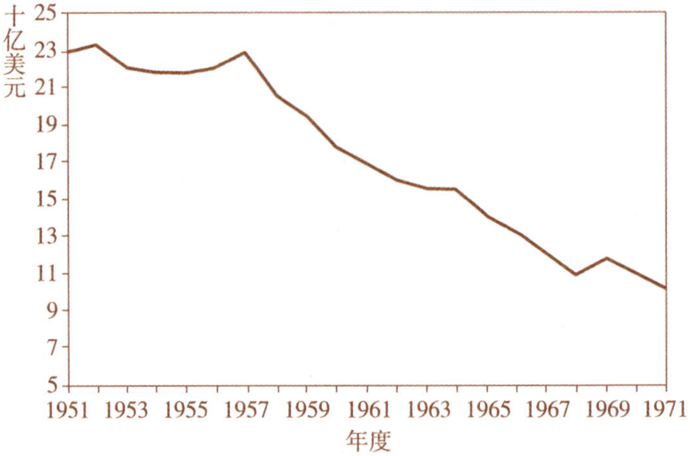

图 1—2　美国黄金储备（1951—1971 年）

资料来源：IMF，*International Financial Statistics*.

不清①。他的竞选誓言——要采取一切必要手段，"让美国重新恢复活力，让美国经济阔步向前"，并没有消除看跌美元者的疑虑。②甚至在选举之前，肯尼迪仍坚持说他无意让美元贬值，尽管如此，市场参与者们仍倾向于以 1933 年的情况作类比来进行推论。那一年，是民主党人上一次从共和党人手中接掌总统大权，新任总统上台后采取的最初一项行动就是提高黄金的美元标价。③ 因此，1960 年在美国举行大选之前的很短时间内，伦敦黄金市场的价格迅速升至 40 美元。在英格兰银行主导下，由欧洲各国中央银

---

① 约翰·F. 肯尼迪（John F. Kennedy，1917—1963），美国第 35 任总统，美国著名的肯尼迪家族成员，他的执政时间从 1961 年 1 月 20 日开始到 1963 年 11 月 22 日在达拉斯遇刺身亡为止。肯尼迪在 1946 年至 1960 年期间曾先后任众议员和参议员，并于 1960 年当选为美国总统，成为美国历史上最年轻的当选总统。——译者注

② 这句引文摘自肯尼迪与尼克松的第四次辩论（1960 年 10 月 21 日）。

③ "首先，我们誓言维持美元的现价。若能当选总统，我将不会令美元币值从现有水平有所降低。相反，我将维护美元现价及其稳固性。"1960 年 10 月 31 日，候选人肯尼迪在费城如是说（Roosa 1967，第 268 页）。这是我听到过的最强有力的美元政策。

行采取了共同干预措施，才使黄金价格得以回落。

美国官定金价与伦敦市场金价之间出现任何背离，都会诱 17
使各国中央银行以每盎司 35 美元的价格从美国购买黄金，然后在伦敦以更高的价格售出。他们这么去做的能力，仅仅受限于他们拥有多少可以变现的美元储备。这样的做法会使美国的黄金储备渐渐枯竭，并使人们对于该国是否能履行以固定价格将黄金兑换成美元的承诺产生怀疑。因此，从集体的立场来看，这样的做法是不受欢迎的。但是，在黄金兑换窗口猛然关闭之前，正如最后在 1971 年的确发生的情况一样，对每一个中央银行来说，都存在着从事这种兑换的动力，而使那些实行克制的央行丧失了进一步的选择。这造成了显而易见的集体行动的难题。

这就是 1961 年设立黄金总库的背景。在第 2 章里将以更多篇幅讨论黄金总库的问题。黄金总库是这样一项安排，各国中央银行试图借助这项安排，来分摊将伦敦金价维持在每盎司 35 美元的成本，而不是耗尽美国的黄金储备。黄金总库鼓励采取集体行动的手段是，就如何分摊进行这些运作的成本达成谅解。也就是说，为了稳定市场金价，需要在伦敦出售一定数量的黄金，为此要确定每一个参与其中的中央银行提供多大份额的黄金拿来出售。

但是，各外国央行不准备无限期地分担这些成本。即便是在其全盛时期，除美联储之外的各中央银行，也仅仅提供了出售到总库之中的黄金储备的 1/3。因此，黄金总库只是把维持 35 美元金价
的部分压力从美国转移到了伦敦。1968 年 3 月黄金总库崩溃之后， 18
美国通过从法国吸引资金和购买黄金来补充储备。这一年的 5 月，法国的示威运动从大学生蔓延到普通公众，造成了人们对未来政策

走向的不确定感[1]。但这仅仅是一次短暂的喘息。1971 年，比利时和荷兰把美元兑换成黄金；德国发出信号，表达了采取同样行动的愿望；而法国则明确表示需要黄金，以便换成美元来偿付国际货币基金组织（IMF）。最后一根稻草于 8 月 13 日降临，在这一天，英国提出兑换黄金的要求。美国的黄金兑换窗口于是立刻被关闭。

1.2 反事实的推演

事情会不会出现截然不同的结果，这值得一问。美国采取更严格的货币和财政约束措施，会使布雷顿森林体系得以存续更长的一段时间吗？20 世纪 60 年代后半段，美国经常账户顺差长期下降，作为逆转这一下降趋势的手段，美国可以做到让美元相对于黄金和其他货币贬值吗？

对第二个问题的回答包括两个方面。首先，假如美国一次性地提高黄金价格，几乎确定无疑的是，这将激发它准备再次这么干的预期。[2] 更早出现挤兑美国黄金储备的现象，就会变得更具可能性

---

① 指法国的五月风暴。1968 年春，法国发生了学生运动。最初的冲突发生于巴黎的大学生和警察之间，随后运动向外省城市和其他社会阶层蔓延。这一年的 5 月，学生运动演变为由左翼主导的要求戴高乐总统下台的政治运动。在确认军队始终忠于他之后，戴高乐于 5 月底宣布决意留任，解散议会但不撤换总理，并组织近百万人的反示威游行。在 6 月的大选中，支持戴高乐的右翼多数派获得大胜，赢得法国国民议会 3/4 的议席，占绝对优势。领导示威活动并促成暴动的左翼大败，此后十多年一直处于弱势。然而，戴高乐虽然成功地重新控制了局势并渡过危机，但五月风暴所暴露出来的矛盾和问题并未随之消失。一年后戴高乐由于公民投票失败而被迫辞职，其根源即在于五月风暴。——译者注

② 选择提高黄金的美元价格也会使随后的决策政治化，因为行政部门会不得不去国会，请求批准提高每盎司 35 美元的价格。

了。正如艾伦·梅尔策（Allan Meltzer）所建议的，解决这个问题的一个办法，就是允许黄金的美元价格浮动，但这将意味着永远地 19
切断黄金与美元挂钩的纽带——在美国发觉自己别无选择之前，这是它不愿意考虑的事情。[①]

其次，问题是，在这一时期，美国到底有没有能力使美元相对于实际上钉住了美元的其他国家货币实现贬值。若美国提高黄金的美元价格，可以说，外国中央银行和政府完全可以随美元一同贬值本币。1971 年，美国最终提高了金价，那时为数不少的国家恰恰就是这么做的。[②] 这段插曲和当前的形势没有什么不同。如今亚洲各国央行已做好了跟随美国的准备，它们的情况是，假使美元相对于欧元出现贬值，它们就通过购买美元和增加储备，阻止其本币升值。

另外，美国采取更严格的货币和财政约束措施，会使这个体系得以再维持更长的一段时间吗？从理论上讲，美国政府可以增加税收，美联储可以提高利率。通过缩减国内需求，增强美国的出口竞争力，这会进一步巩固经常账户。其他国家会如何应对是不清楚的。一方面，美国对它们的出口品的需求增长缓慢，这会减缓它们
的经济扩张，限制它们以类似的政策调整做出应对的动机。美国通 20

① 参见梅尔策（Meltzer 1966）。[艾伦·梅尔策（Allan Meltzer），生于 1928 年，美国经济学家，卡内基梅隆大学政治经济学教授，研究领域为货币政策与美国联邦储备银行史，是世界上公认的最重要的货币政策发展与应用研究专家。——译者注]

② 参见舒尔茨和戴姆（Shultz and Dam 1977）以及高瓦（Gowa 1983）。尼克松的进口附加税，无论基于其他理由来看是多么令人遗憾，但是，的确是为美国提供了一个谈判的筹码，可以用来阻止其他国家跟随美国一同进行货币贬值。但是，除了威胁到世界贸易体系之外，进口附加税的问题在于，它使各方就重新设计国际货币体系开展真诚合作的努力极大地复杂化了。这又一次让我们联想到了当前形势下的类似事件。现在美国国会内部批评中国外汇政策的人威胁，要对从中国进口的商品征收高达 27.5%的惩罚性关税。

货膨胀水平较低，会增强选定纽约市场来获得到期转换服务的吸引力，从而会刺激资本流入。鉴于上述种种原因，在这种反事实的假定情景中，美国黄金储备的下降不会那么迅速。1969 年德国马克升值，这件足以成为美元本位制行将就木之标志的事件，想必本可以延后发生。

但是，这件事的发生不会无限期地向后拖延。随着世界经济的持续增长，其他国家会要求得到更多的储备，而除了对美国政府或其黄金储备的易于变现的索取权之外，获得储备的形式寥寥。美国率先采取的政策，致使外国经常账户持续受到削弱，短期资本加速外流到美国。看到这种情况，外国中央银行和政府就会有动机收紧货币政策，以抵消这些效应。在这种反事实的假定条件下，若要推迟秋后算账那一天的到来，主要方法就是减缓世界经济的增长，从而减缓国际储备需求的增长。换言之，特里芬难题（即为使其他国家获得美元，美国就不得不维持逆差，但美国的逆差会逐渐削弱对美元的信心）不会消失，但是，它所造成的后果，要用更长的时间，才能展现终局。[①]

21 实际上，各国中央银行可能会在不做任何支持经济增长之事以及紧绷政策以扩充其储备这两个极端之间，持守中间立场。[②] 到了必须做出抉择的紧要关头，不可推卸的增长的责任，就压倒了捍卫美元和维持国际货币体系运作的渴望，从而占据了主导地位。就美国本身而言，的确是这样。只要支持汇率的限制性的宏观经济政策有可能减慢经济增长速度，阻碍追求社会政策和外交政策目标，美

① 这是运用博尔多和艾肯格林（Bordo and Eichengreen 1998）开发的仿真模型进行分析所指向的结论。

② 这意味着，秋后算账那一天的到来，其拖延的期限，甚至比这两种反事实假定条件中第二个条件所暗示的还要短暂。

国的决策制定者们就会千方百计避免不得已地采用这类政策。[①] 这可以解释美国在力求巩固其国际收支时，为什么会采取特别繁多的特殊手段，而不是非得改变货币政策和财政政策不可。美国的那些特殊手段包括，从恳求欧洲支持美国在国外的军事承诺，到捆绑式对外援助，对美国旅游者可以带回美国的免税商品金额收紧限制，征收利息平衡税（Interest Equalization Tax），以及开始实施调整长期利率的扭转操作（Operation Twist）。[②]

鉴于所有这一切，从美国的观点来看，布雷顿森林体系和 19 世纪末的金本位制实在是像极了。具有讽刺意味的是，在布雷顿森林谈判中，恰恰是美国代表团在奋力争取那些类似金本位制的特性。以每盎司 35 美元的价格兑换黄金的义务，以及由其他国家使用美元作为国际储备，意味着美国只有通过内部的通货紧缩才能维 22
持美元的可兑换性。这既提高了货币黄金存量的价值，也提高了官方外国美元收支余额（official foreign dollar balances）的价值，还鼓励了南非和其他国家生产更多的黄金。在这方面，这个困境与 19 世纪 70 年代和 80 年代实行金本位制的国家所面对的困境没有什么不同。但是，对于追求通货紧缩的政治约束比一个世纪之前强得多。不仅美国是这样，对欧洲和日本来说也是如此。在美国，既要求保障国内的社会支出，又得保证在国外的军费开支。在欧洲和日本，本币升值意味着通货紧缩加剧，出口导向型增长受损。对于外国人来说，是通货膨胀而不是通货紧缩，使得利用美国的规模庞

① 在十分罕见的情况下，美联储的确收紧了银根，行政部门和立法部门的确同意了增税，就像 1968 年所发生的那样。国际收支好转，但经济增长却受创了。而且，反作用很强烈。

② 扭转操作涉及试图通过出售短期国债，同时买进长期债券，来扭转收益曲线，从而以较低的长期利率刺激国内投资，同时以较高的短期利率吸引资本流入（参见 Meltzer 1991）。

大、流动性高的金融市场获得到期转换服务魅力大减，限制了短期资金流向美国。考虑到其他国家的赶超行动和生产率的提高，美国过高的通货膨胀意味着其经常账户的盈余太小，不足以为这个国家承担其他义务提供资金。[①] 因此，在外国中央银行的金库里，美元堆积如山。反过来，这种形势导致各方努力协商采取集体约束手段，限制各自要把那些美元兑换掉的愿望。它们本来是打算在美元急剧跌价之前，把它兑换成那另一种具有更好保值功能的资产。在1961年至1968年之间，这些努力证明是相当成功的。但是，当这些努力瓦解之时，布雷顿森林体系下的汇率稳定性最终走向崩溃，用了只不过短短三年的时间。

23

1.3 沧海桑田之变

我已提出过，关于存在着一个新的布雷顿森林体系的想象会误导人们，原因之一就是它低估了这个世界自20世纪60年代以来所发生的沧海桑田般的巨变。第一，与40年前主导着外围的欧洲国家相比，现在组成了“新外围”的亚洲国家是一个缺乏凝聚力的集团。截至20世纪60年代，欧洲人已在开始构筑设立欧洲联盟(EU)（其前身是欧洲经济共同体，EEC）的协议网络。此外，在经济合作与发展组织（OECD）内，它们在相互之间以及与美国之

① 采用这样的措辞是为了与以下事实相契合，即美国的批发物价和居民消费价格的上涨幅度，一般低于其他工业化国家的通货膨胀水平，但是，考虑到这些国家迅速的赶超式增长（以及巴拉萨—萨缪尔森效应［Balassa-Samuelson effect］的作用），美国通胀水平低的幅度又不足以维持外部平衡。

间举行定期磋商。[①] 更确切地说，促使它们把欧洲经济合作组织(OEEC) 改造成经济合作与发展组织的直接动力，就是要为解决美国黄金问题，提供一个采取集体行动的机制。[②] 从 1963 年 10 月到 1964 年 6 月，在十国集团的主办之下，各中央银行和财政部的代表们每月在巴黎会晤，商讨国际货币体系的运作问题。他们商谈的结果是达成了一项协议，要建立一种监控技术，用来检测逃避集体行动承诺的行为；其具体形式是一种“多边监督”体制，该体制责成十国集团的所有成员，向国际清算银行（BIS）提供有关为其国际收支盈余和赤字筹措资金所使用的工具的数据。[③] 十国集团财
政部长和中央银行行长及其代表们此后继续一起开会，讨论国际货 24
币体系的集体管理问题。每个月各国央行的领导们继续在国际清算银行会晤，而且，他们的定期互动使有关黄金互助安排的协商变得容易。西欧各国与美国也在国际货币基金组织中一道工作。在该组织中，它们的声音占据主导地位，从而，它们最终能够在采取像设立特别提款权这样的应对措施方面，达成一致意见。各国政府和各中央银行确认，在支持美元方面，它们拥有共同利益，因为美元的贬值会损害它们的出口竞争力，并减缓其经济增长。因此，基于这样的认识，它们拥有多种多样的机制来采取行动。由于它们在巴塞尔的讨论，对于加入黄金总库的各国来说，甚至都没有必要起草一份说明各成员国之义务的文件了。詹尼·托尼奥洛（Gianni

---

① 例如，在经济合作与发展组织经济政策委员会的第三工作组内举行定期磋商（参见 Roosa 1967）。

② 参见鲁萨（Roosa 1967）。在其国际收支咨文中，肯尼迪已提出了美国的成员国资格问题。这是一份于 1961 年 2 月 6 日向国会发表的国际收支特别国情咨文，那是在这位新总统上任仅仅三周之后。这个情况让人深受启发。

③ 然后，这些数据在十国集团的成员间秘密传阅，并秘密移交给经济合作与发展组织的第三工作组。

Toniolo）评论道，截至 1961 年 11 月，“国际清算银行网络，对于那时要达成协议的计划，已经产生了足够的共同意志和相互信任；既然这样，就没有签署正式的书面协议。”[①]

相比之下，当代亚洲的一体化水平没有那么高。推进区域自由贸易的行动依然步履蹒跚。东南亚国家联盟（ASEAN）各国坚决主张豁免易受损害部门的立场，即使是和欧洲国家坚持保护其农业部门的态度相比，也是令人印象深刻的。推进自由贸易是从区域着手（中国的偏好），还是通过双边协议方式推进（日本的选择），对此几乎没有共识。这仅仅是中日这两个亚洲大国在许多领域里无法
25 共事的一个例证而已。在某种程度上，这反映了两国各自的经济发展所处的阶段截然不同（这不像 20 世纪 60 年代的法国和德国），因而其政策重点也不一样。

并且，阻碍区域合作的症状是，亚洲一体化的制度化特征薄弱。尽管存在着多种多样的组合（诸如东南亚国家联盟（ASEAN）、东盟加三（ASEAN＋3）、东亚及太平洋地区中央银行行长会议组织（EMEAP）以及亚太经济合作组织（APEC）等等），但几乎没有正式制度的支持（甚至没有常设秘书处，当然也没有像欧洲那样的议会、委员会和法院）。[②] 20 世纪 60 年代存在于欧洲的同侪压力、有力监督以及促进合作的政治制裁，在今天的亚洲尚付阙如。鉴于上述种种原因，在那里遏制“搭便车”难题的机制发育不良。从 1958 年末取消经常账户限制，到 1971 年黄金兑换

---

① 托尼奥洛（Toniolo 2005，第 378 页）。[詹尼·托尼奥洛（Gianni Toniolo），意大利经济学家，美国杜克大学经济学教授，亦执教于意大利罗马社会科学自由大学，曾在威尼斯大学和罗马大学任教。他是经济史专家，其研究专长是欧洲和意大利经济增长史、中央银行与金融市场、国际货币合作等。——译者注]

② 只有东南亚国家联盟有一个规模不大的常设秘书处。

窗口的关闭，集体行动支撑了布雷顿森林的汇率格局达 13 年之久。但是，由于制度性安排上的这些差异，人们对于当前体制还能再持续多少年，抱有更加悲观的预测。

第二，与 20 世纪 60 年代的情况相比，如今为竞逐成为主导性的储备货币，存在着更多动真格的竞争对手。在那时，为规避其所持有的美元储备发生资本损失，各国中央银行实行储备多样化的诱惑是有限的。因为那时几乎没有更具吸引力的其他选择。仅次于美元的最重要的储备货币英镑，是由欧洲“病夫”发行的。1967 年 26
发生的几件事显示，储备货币从美元转变成英镑，并非规避资本损失的有效办法。法国法郎几乎算不上一种更有吸引力的储备资产，1969 年法国法郎贬值已把这个事实展露无遗。日本金融市场的开放度不够，不足以吸引人们持有以日元标明面值的资产。尽管在 20 世纪 60 年代这一时期，欧洲美元市场和罗莎债券（Roosa bonds）获得了声望[①]，但是，各国中央银行不愿意涉足私人证券或是鼓励欧洲美元市场的发展，他们把这些视为对其货币管制的暗中破坏。如此一来，德国联邦银行的储备管理者还有什么别的选择呢？瑞士法郎？瑞士的体量不够大，不足以解决这个难题。既然德国除了美元别无选择，那么，所有欧洲国家集体仓促行动摆脱这种货币，相应地就没有多大的可能性了。

---

① 罗莎债券（Roosa bonds）：1961—1971 年，为了延缓资本流出，美国诱使一些主要的西方央行选择持有美元储备，放弃向美国兑换黄金的要求，其外汇平准基金（ESF）从 1961 年 3 月份开始重新对外汇市场进行干预，但是以当时外汇平准基金（ESF）的外汇储备数量很难达到其目的。于是，美国财政部和美联储在 1962 年 2 月份也加入了干预外汇市场的队伍。当时很多西方央行为了分散风险开始大量抛售美元，美联储为了获得大量的外汇以支撑美元，与多个西方央行签订了互换协议。后来，美联储为了偿还这些外债，不得不在 20 世纪 60 年代发行了大量以外币标值的中期债券，即罗莎债券。——译者注

今天的不同之处是欧元。以欧元标明面值的政府证券拥有规模庞大、流动性强的市场，该市场为新兴市场国家的中央银行，提供了不同于持有美国国库债券的富有吸引力的另一种选择。加上这里列举的其他压力表明，相对于包括欧元在内的外国货币，美元币值必然会走贬，这种选择甚至变得更有魅力了。

此外，迄今在亚洲金融合作方面相当成功的一项努力成果是，亚洲各国央行和各国政府试图通过创立亚洲债券基金（Asian Bond
27 Fund）以及落实“亚洲债券市场倡议”（Asian Bond Markets Initiative），来促进区域债券市场的发展。[1] 投入亚洲债券基金的第一期10亿美元的储备资金，投资于以美元标值的亚洲政府债券，但第二期亚洲债券基金（Asian Bond Fund 2，ABF2）将储备资金投资于当地本币债券。[2] 眼下，亚洲债券基金的规模可能还比较小，但是，该基金至少为把储备组合重新配置到以区域货币计值的资产创造了些许空间——随着时间推移，这个空间会变大的。就这一点而论，它开辟了重新配置储备的康庄大道，而这样的途径在20世纪60年代的欧洲是不曾存在的。

第三，在20世纪60年代，外国中央银行和政府对其美元储备

---

① 亚洲债券基金（Asian Bond Fund，ABF）是由东亚及太平洋地区中央银行行长会议组织（EMEAP）于2003年6月倡议设立的。其目的是，通过把该区域各中央银行一定比例的储备用以购买政府和准政府证券，加速推动亚洲债券市场的成长。最开始一轮10亿美元的投资，被称为第一期亚洲债券基金（ABF1），全部投资于亚洲主权与准主权发行机构发行的以美元计值的债券。“亚洲债券市场倡议”（Asian Bond Markets Initiative，ABMI）是由东盟加三的财政部长们，于2003年8月在菲律宾马尼拉召开的会议上签署的。“亚洲债券市场倡议”旨在培育一个交易活跃且富于流动性的当地本币债券二级市场，并发展当地债券市场的成长所必需的基础设施。

② 2004年12月宣布，第二期亚洲债券基金（ABF2）投资于东亚及太平洋地区中央银行行长会议组织（EMEAP）8个成员的主权与准主权本币债券。计划投资额总计约20亿美元，且投资将由国际清算银行（BIS）来管理。

的稳定性的忧虑，因为美国经常账户的庞大顺差而被淡化了；而且，在这十年的前半段里，美国经常账户的顺差额在不断增长。这的确是事实。因其储蓄超过国内投资，美国是净对外投资国。美国在国外资产的不断积累，虽然让像戴高乐这样的批评者觉得如此令人反感，但那意味着，随着这些投资的收益开始滚滚而来，全球国际收支状况将得到更大的改善。对于紧张不安的外国人来说，这一点至少提供了些许安慰。相反，美国经常账户现在出现了逆差。尽管对造成这种逆差增长的原因，大家莫衷一是，但绝大多数的观点认为，至少是在一定程度上，应归咎于美国的低储蓄率。这意味着，美国没有积累起净长期对外投资，无法让紧张不安的外国人确信（即使在没有汇率变动的情况下），随着时间的推移，美国的国 28
际收支状况将自然而然地得到改善。

第四，力求维持现行汇率安排的中央银行，必须抵消私人部门投资组合的调整所造成的影响，然而，资本项目管制的解除，使抑制私人部门投资组合的调整变得更加困难。亚洲各国懂得，在维持其美元储备方面，它们拥有共同的集体利益，因为出售美元储备只会进一步削弱美元，进而损害它们集体的竞争地位。时间将会做出判定，亚洲各国政府和中央银行是否能够按照这种集体的自利性来行事。[①] 即使是这样，维持美元储备却并非私人投资者的行为动机，私人投资者感兴趣的事情是实现其个体收益的最大化。美国和外国有大量的私人投资者和机构投资者，现在参与到美国国债市场中来。在 20 世纪 60 年代，美国可以采用利息平衡税，而外国政府可以实施规制和管制，限制私人投资组合的重新配置以及卖空美元的行为。但是，从理论上讲，美国公民仍可以找到途径，把他们的

① 这个困境是后面第 2 章的主题。

美元资产“放到”外国中央银行。[①] 然而，实际上，看起来这种情况的发生是十分有限的。[②] 相比之下，如今国际金融气候已变得较少受到规制，而且更加开放了，从事各类交易变得更加容易。如果在预料到资产价格未来变动的情况下，私人投资者更迅速地采取行动，那么，相应地，中央银行和政府也将身负更加巨大的压力。

29 现在金融市场已变得更加开放，这暗示着同样的动态机制将会运作得更加迅速有力；为推迟对美元的国际金融市场霸主地位进行秋后算账的那一天的到来，所做的种种努力因此会丧失效力。即使是在中国，这个事实也是确凿无疑的。中国的资本账户仍远离开放——尽管每天都是在逐渐地变得更加开放。人们已经认识到，人民币的币值低估将不可能永远持续下去，结果就是巨额的私人金融资本已经流入了中国。为了应对这种状况，中国官方已被迫对资本流入进行对冲。迄今为止，对中国人民银行来说，对冲操作的成本并不高昂，因为内债利率甚至低于其从美国国债和机构证券上赚得的利息水平。但是，这种有利局面将不会无限期地持续下去。已经有报告表明，中国中央银行为努力对冲金融资本流入对货币供给造成的影响所发行的票据，商业银行已经越来越不愿意购买了，这不禁让我们联想到未来的诸多困难。[③] 随着国有银行进一步商业化，并最终实现私有化，从而进一步限制央行运用直接施压的手段指导其投资决策的空间，这些困难将会进一步加剧。

第五，与40年前的情况相比，当前各项政策从中得以展现其实施效果的国内金融市场的结构，变得截然不同了。金融规制的解除，限制了将强制储蓄注入贸易产品部门的资本形成过程的作用空

---

① 这将由此增大外国中央银行把它们多出来的美元兑换成黄金的压力。

② 正如加伯（Garber 1993）所提到的那样。

③ 参见艾肯格林（Eichengreen 2005）。

间。而这种储蓄一投资转化机制，在 20 世纪 60 年代曾是许多国家 30
所实施的战略。在外围保持低汇率就意味着保持低利率。在对冲操作效果有限的情况下，通过购买美元进行干预，意味着把超额国内信贷注入经济体系之中。在 20 世纪 60 年代的日本，大部分新增贷款用于贸易产品部门的产能扩张，因为这是靠邮政储蓄体系和商业银行输送过去的。其中，邮政储蓄体系是由日本政府控制的，而日本商业银行的投资选择受到了政府的严格规制。[1] 那时欧洲的状况没有什么不同。因此，可以认为，在 20 世纪 60 年代，第一组扭曲现象——低估的汇率、人为压低的消费以及强制储蓄——是福利改善型的，因为它抵消了另一组扭曲现象——否则，在贸易产品部门就可能出现投资过少的情况。而贸易产品部门的投资曾是生产率和经济增长的正的外部性的源泉。

相比之下，在 21 世纪更加多样化和放松了规制的金融环境里，低利率和充裕的信贷更倾向于漫溢到非贸易产品部门，特别是房地产市场。因此，在 20 世纪 90 年代，这是亚洲国家第一次在显著放松了规制的金融环境里，借助成体系的低估币值措施的支撑，继续实行出口导向型增长。其中，许多亚洲国家经历了引人注目的房地产市场繁荣，这增强了其金融机构和市场的脆弱性（不妨回忆一下
这样的传说，在 1997 年发生亚洲金融危机的前夜，塔吊和在建高 31
楼星罗棋布，构成了泰国曼谷这座城市的天际线）。如今，不足十年之后，同样的政策已经再次制造了让人恐惧的房地产繁荣，而且，不只是在中国沿海地区。亚洲的政策制定者们对这些危险并非不以为意。当他们开始明白，低估币值对促进出口收效较小，反而是更多地提高了金融风险水平，他们就会拥有更令人信服的理由，

① 关于这一问题的更多论述，参见第 3 章。

允许其汇率上涨。

第六，也是最后一点，处在外围之中的各国政府对这段历史了如指掌。布雷顿森林体系的沦亡，让它们想起了赫伯特·斯坦(Herbert Stein)的名言："非可永续者，亦无以为继。"[①] 恰恰是由于上述历史经验，亚洲的政策制定者们也意识到了，出口导向型增长政策既有代价，也有斩获，真可谓得失参半。他们正在寻求建成既仰赖国内需求又倚重出口的、更加多元的经济体系。韩国已在探索刺激消费信贷的增长，这个国家是一个突出的例子。[②] 中国则是另一个例子，在那里，现在是消费而不是出口，构成了总需求中增长最迅速的部分。

1.4 可供选择的场景

美国几乎没有动力加速推进必不可少且不可避免的调整。恰恰相反，它心满意足地寅吃卯粮。倒不如说，汇率调整将不得不由亚

---

① 原书中这处引用的措辞是："... something that cannot go on forever generally will not." 经查证，赫伯特·斯坦的原话是：If something cannot go on forever, it will stop. 依据赫伯特·斯坦这句名言的原文，这里译作："非可永续者，亦无以为继。"意思是说，无法长久持续的事物，通常也不会持续下去。另外，原书此处及索引中所写的人名为 Herb Stein，经查证所指的人物应是 Herbert Stein。赫伯特·斯坦（Herbert Stein，1916—1999），美国经济学家，曾任美国企业研究所高级研究员、理查德·尼克松和杰拉尔德·福特两位总统的经济顾问委员会主席，1974—1984 年担任弗吉尼亚州立大学经济学教授。他以务实的保守主义者著称，常被称为"一位自由的保守派和保守的自由主义者"。他著有《美国的财政革命》一书。——译者注

② 这个例子无法让人彻底放心，因为韩国消费信贷的增长最初导致了信用卡业的一次危机。各家银行现在已经配备了新的管理团队，在管理上坚持更严格的控制，结果是它们的消费贷款现在的盈利水平非常高（参见 Moon 2005）。

洲来推行。最终，人们将会承认，出口导向型增长政策已经达到了 32
报酬递减那个点。这种认识将是基于以下观察，即传统贸易产品部门不再是产生提高生产率和促进增长的外部性的唯一区域，像软件开发、后台服务以及金融中介这样的活动，也可以是正溢出的源泉。因此，增长将要求在生产非贸易产品的部门与生产贸易产品的部门，进行平衡的投资。亚洲国家将不得不加大在高等教育领域的投资。它们将不得不加大在住宅和城市便利设施方面的投资，以增强对知识型员工的吸引力。

由亚洲国家所做出的调整，将要求允许它们的真实汇率上涨。实现这一点而不危及物价稳定的唯一途径，将是削减外汇市场上的干预。一旦一个或更多个亚洲国家确认，出口导向型增长正在遭遇报酬递减，并减少干预，那么，过去一直支持美元并阻止亚洲货币升值的中央银行卡特尔，就会开始破裂。可以想象，这时会出现出售美元资产并转向其他储备资产的储备迁移过程，这与 1968 年后的事态发展毫无二致。鉴于以日元标定面值的资产收益率较低，欧元就是这种储备资产迁移显而易见的方向。① 此外，亚洲各国政府对于发展区域债券市场的承诺，将引导它们把越来越大份额的储备组合，配置到以区域货币计值的资产上。

惯性仍是决定中央银行储备组合之构成的唯一的最强大的因 33
素。中央银行是买入并持有型的投资者；它们很少积极主动地管理其储备组合，而且对于资本损失具有很高的容忍度。因此，亚洲各中央银行将不会一下子抛售掉它们所有的美元，这是合理的预期。但是，有充分的理由认为，随着时间的推移，这种调整将会加速推进。

---

① 但是，有关欧元的不确定前景的讨论，请参见后面第 4 章的内容。

汇率变得更具弹性，这种转变对亚洲来说将是一件好事。美元币值的进一步下跌，对于全球国际收支失衡的调整来说是一件好事。美元贬值可以迫使美联储更急剧地提高利率，削减国内吸收。融资成本的增加甚至会使未来某届美国总统班子，为解决这个国家长期的财政问题做点事情。公共或私人投资组合的重新配置会抬高欧元币值，就此而论，这对欧洲来说可能不是好消息。尽管亚洲各国货币对美元会升值，欧元也会升值——而且，在短期内，货币币值的变化主要是由资本流动推动的，在这个意义上讲，经受冲击时，欧元对美元甚至可能升值得更多一些。

上述这些预言必然都是出于推测。书写未来的历史比书写过往的历史难。我对有关国际货币史的解读是，尽管或许存在种种模式，但那些模式不会机械地重演。的确，布雷顿森林体系和在它之
34 前的古典金本位体系，两者之间存在着显著的相似之处。但那两种体系的演化有所不同，而且，它们的最后阶段是以不同方式落幕。除了其他方面的差异，布雷顿森林体系更快地走向了崩溃。

同样，20 世纪 60 年代的布雷顿森林体系和我们这个时代复兴的布雷顿森林体系，两者之间有着诸多的相似之处。原来的布雷顿森林体系持续了十年到二十年，时间长短取决于如何确定其生辰与忌日，但这并不意味着，复兴的布雷顿森林体系将持续同样长的时间。对历史的这般解读，以及对当今世界经济与 20 世纪 60 年代的状况之间差异程度的甄别，两者都暗示着，这一次的结束不会拖延那么长的时间。

第2章 黄金总库解析

在20世纪60年代的国际金融体系结构中，有一些方面在很大程度上受到了忽视，黄金总库即是其中之一。黄金总库于1961年由比利时、法国、德国、意大利、荷兰、瑞士、英国和美国创立，其目的是调节伦敦黄金价格，分担稳定该市场的责任。就其本身而论，在布雷顿森林体系的全盛时期，黄金总库作为基础性制度结构的一个重要方面，支撑着钉住但可调整的汇率体制。

然而，在有关这一时期的标准国际货币史书中，黄金总库只是被一笔带过而已。罗伯特·所罗门（Robert Solomon）的《国际货币体系1945—1976》（*International Monetary System 1945—1976*）一书，对其他方面的记述周到全面，但即使是他，也只是用了短短几页的篇幅，谈及黄金总库的浮沉。[①] 后来的史书对这项安排甚至更少留意。[②] 对这种忽视的一个可能的解释是，几乎没有

① 参见所罗门（Solomon 1977）。

② 一个重要的例外是最近出版的，由詹尼·托尼奥洛所写的关于国际清算银行的历史著作（Toniolo 2005）。

有关总库运作情况的文献被公开发表出来。[①] 另一个可能的解释是，这项安排十分复杂，而且技术性太强。

36 但是，对于理解布雷顿森林体系的历史来说，黄金总库的经验是一个关键。如果这项特殊的安排对于布雷顿森林体系的运作实际上是必不可少的，那么，我们就拥有了更多的一个理由，怀疑围绕着黄金和美元组织起来的这种钉住但可调整的汇率体制，曾是稳定而可持续的。该体制表面上是基于各官方参与者拥有实质上的特权——也就是，把对美国的金融索取权兑换成货币黄金的自由。如果该体制的作用取决于官方参与者们不利用这项特权的意愿，那么，我们就有了另一条理由进行重新思考：对于这个体制的作用，我们当前应如何恰如其分地给予定性。

正如第 1 章里所提到的，这段历史还有利于我们认识和理解今天钉住美元的国家抵御下述诱惑的意愿与能力——即由于害怕抬升其汇率，减缓其出口增长，遭受剩余美元结存的资本损失，而使它们的储备多样化。尽管支持美元可能符合美国的发展中国家贸易伙伴的集体利益，但这并非必然意味着，这样做符合它们各自的利益。尽管维持该体系与其利害相关，但每个伙伴国仍有动力从美元资产撤资，以规避其美元储备上的资本损失。如果某个伙伴国能够做到这一点，同时又不会引发其他国家采取类似行动的话，也就是说，如果它能够避免压低美元对其他货币的汇率，那么，这种做法就将是特别诱人的。但是，如果其他中央银行以同样方法来应对，
37 那么美元汇率和该体系的稳定性就会被推上险境。这与 20 世纪 60 年代的形势毫无二致。那时，欧洲各国意识到，通过抵御将以美元

---

① 关于黄金总库的运作，那个时代的人们提到了“保持缄默的密约（conspiracy of silence)”（或可译作“沉默的阴谋”、“缄口之谋”——译者注）。除其他文献外，尤其是可以参阅洛凯姆（Louchheim 1968）。

标记面值的储备兑换成美国的黄金的诱惑，来支持美元和布雷顿森林体系，符合它们的集体利益；但是，在黄金价格被允许升高以及美国关闭黄金兑换窗口之前，把它们的美元兑换掉，符合它们的个体利益。

集体行动的困局可能以不同的方式落幕，尤其是当它们出现在不同的境况之下。黄金总库在 20 世纪 60 年代土崩瓦解这个事实，并不能保证当前支撑着美元的亚洲中央银行卡特尔很快就会崩溃。尽管如此，人们频繁地将布雷顿森林体系与我们当前的汇率格局和国际收支状况相提并论，暗示着黄金总库这一事件仍是思考未来前景的一个很有用处的起点。

2.1 难题产生的背景

现代国际金融文献的中心信条是，对稳定性的威胁是过渡时期的最大威胁。预见到体制即将发生变化，投资者们就有动力在事件发生之前即采取行动。在国际货币领域里，这意味着他们有动力抛售在新体制下其币值将会下降的货币，并买进币值将会更高的货 38
币。他们就样做时，就会加大试图维持旧的关系格局者身担的压力。他们获取利润的动机——或者，就各家中央银行的情况来说，仅仅是避免损失的动机，就会使秋后算账的那一天提前来临。①

理解布雷顿森林体系的脆弱性的一种方式，是把它看成一种过渡性体制。布雷顿森林体系是 19 世纪末和 20 世纪初的金本位制与 1971 年之后的法定货币体系这两者之间的折衷方案。在前者即金

① 这是有关投机性攻击的文献所传达的基本意思（例如：Henderson and Salant 1978；Krugman 1979；Flood and Garber 1984）。

本位制下，每个国家都使国内价格钉住黄金，并且不对黄金的进出口加以限制。在后者即法定货币体系中，美元和其他货币各自独立，仅仅靠发行国的资源和投资者对其政府维持货币单位购买力的决心和能力的信心来支撑。在布雷顿森林体系下，美国的美元以每盎司 35 美元的比率钉住黄金，正如 1934 年以来美元的情况一样。美国时刻准备着应官方外国持有者的要求，把美元兑换为黄金，但不再满足国内外私人投资者的要求了。相比之下，其他国家可以要么钉住黄金，要么钉住美元。只要美国对以每盎司 35 美元兑换黄金的承诺是可靠的，其他国家选择钉住黄金或美元，这在很大程度上都是无关紧要的。如果出现了根本性失衡，外国也可以上下调整其钉住比率。

39 因此，布雷顿森林体系是一种过渡性的安排。因为美元仍然是以金本位制的方式被锚固下来，而其他货币则可以相对美元发生变动，或者是离散式的变动，或者是在例外的情况下（如加拿大元）发生连续的变动，这与 1971 年之后法定货币体系中其他货币的地位没有什么不同。[①] 把钉住美元的特权给予美国之外的其他国家，被看成是走向黄金非货币化的第一个步骤，这不是没有道理的。允许其他货币的币值更自由地进行调整，这被视为解开货币与黄金之间的连接纽带的第二个步骤。不可避免地，这些规定指向了这样一个疑问，在未来黄金是否会发挥货币的作用？

在那时，从一开始，市场参与者们就有动力针对下述可能出现的状况进行投机，即黄金有可能会丧失其货币锚的作用，而且，一旦发生这种情况，金价就会被允许上涨。他们面对着金价只升不降的单向押注，因为黄金的美元价格下跌的概率实质上等于零。关于

---

① 该体系的杂合性质的一个迹象是，人们对于如何称呼它——金汇兑本位制或是黄金—美元本位制，存在着普遍的分歧（例如，可参见 Gilbert 1968）。

国际货币基金组织（IMF）的协议条款，即布雷顿森林体系的书面章程的谈判完成之后，像罗伯特·特里芬（Robert Triffin）这样的作者几乎是立刻就做出了推测，作为货币的黄金行将消亡，并开始警告人们，要注意这一国际金融体系所固有的不稳定性。①

造成这种单向押注的局面的根本因素，是黄金供给缺乏弹性。规模不断扩展的世界经济需要国际储备的存量不断扩大，以便用来使国际收支运转顺滑，使各经济体避免因国际账户受冲击所带来的影响。随着世界经济和全球贸易的迅速增长，对储备的增量需求十 40
分强劲。而且，曾遭受严重战争创伤的其他国家，正在追赶美国经济的步伐，在这样一段时期，在美国之外，对储备的需求增长极其迅猛。

但是，既然各国政府对国内金融交易进行规制，并管制了国际资本流动，那么，积累储备就只有两种富有吸引力的形式了。一是黄金，因为有伦敦黄金市场，而且，黄金的价值受到美国政府的担保。二是美元，它是由世界规模最大且最具实力的经济体来支撑的，该经济体还拥有这个世界上流动性最强的金融市场，这也并非出于偶然。其他国家在金融债权方面缺少流动性强的市场，而且，其货币的可兑换性往往是有限的，或是不确定的。此外，欧洲大陆国家唯恐其市场受到干扰，担心其货币政策因外国中央银行的大规

① 例如，可参见特里芬（Triffin 1947）。［罗伯特·特里芬（Robert Triffin，1911—1993），比利时经济学家，以其对实行固定汇率的布雷顿森林体系的批评著称于世，他的批评后被称为特里芬困境。他曾执教于哈佛大学，后来供职于美联储、国际货币基金组织以及经济合作与发展组织的前身欧洲经济合作组织。1951 年他成为耶鲁大学的经济学教授。他于 1942 年入籍美国，1977 年恢复比利时国籍，并重返欧洲定居。他是欧洲一体化的坚定支持者，帮助发展了欧洲货币体系，并支持成立央行的设想——后来发展为欧洲中央银行。他主张对国际货币体系及早进行根本性的改革。——译者注］

模操作而变得复杂，主动劝阻别国将其货币作为储备来持有。

货币黄金供给的增量实质上是由金矿开采业的生产能力决定的。这涉及黄金主产国南非、俄罗斯，以及像加拿大和澳大利亚这样次要的黄金出产国。因为各国将货币政策指向其他目标以及通货膨胀加剧，提高了其他商品相对于黄金的比价，所以，把资源配置
41 到金矿开采业中去，变得不那么吸引人了。① 世界货币黄金存量增加有限，这的确是实际发生了的情况（见图 2—1）。但是，除了黄金储备上数量不大的增加之外，如果整个世界追求更多的外汇储

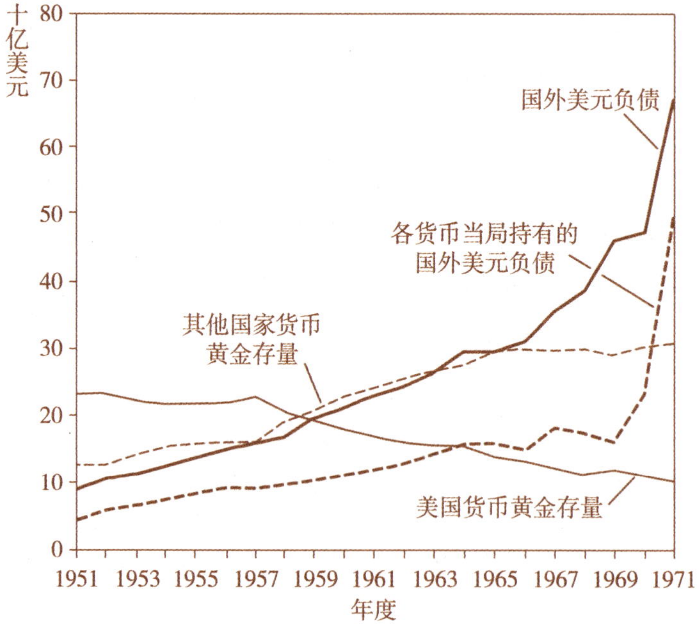

图 2—1　美国与其他国家货币黄金和美元持有量（1951—1971 年）

资料来源：IMF，*International Financial Statistics*；U. S. Congress，(1982，vol. 1)．

① 1953 年至 1967 年之间，美国的批发价格指数上涨了 15%，而黄金的美元价格却一点儿也没有上涨。

备，那就只能以美元的形式来积累储备。① 结果，在美国之外以现金结余的形式所持有的美元存量，相对于货币黄金存量，尤其是相对于美国政府所持有的货币黄金存量，就呈现出不断增长的趋势。42
不可避免，这一情况会激发有关如下问题的种种疑问，美国会继续让这两种资产的比价保持稳定吗？

最初支撑着布雷顿森林体系的最重要因素，是美国拥有着全球黄金储备的不成比例的巨大份额。从 20 世纪 30 年代中期到 40 年代中期，美国的份额从 35％增加到 70％，大约翻了一番。作为对其在战争时期所做贡献的补偿，美国获得了大量的黄金。一旦二战告终，对货币黄金进行部分再分配，既合乎逻辑，也符合人们的愿望。持有黄金，而不只是持有外汇储备，这是一项传统的选择。以这种方式实现储备组合的多样化，是审慎的风险管理手段。因此，当外国政府和中央银行积攒了美元，它们就把其中一部分拿到美联储来兑换，把黄金从美国重新分配到世界其他国家。

起初，考虑到美国的黄金持有量大大超过其官方对外负债 (official foreign liabilities)，对美国黄金储备的下降几乎没有理由感到惊慌不安。美国曾承诺以 35 美元的现行价格，把外国官方部门所持有的美元兑换为黄金。此时，担心美国会无法维持其承诺，几乎没有任何充分的依据。但是，随着各项比率开始发生变化，人们对美国承诺美元可兑换的可靠性的信心开始减弱，由此对布雷顿森林体系结构上的稳固性，也开始变得没有那么大的把握了。截至
1959 年末，外国持有的国外美元负债的价值额，已经超过了美国 43
的货币黄金存量的价值。到了 1965 年，各外国货币当局所持有的

---

① 当然，还有国际货币基金组织（IMF）的配额，通过把各国作为其黄金份额缴纳的黄金储备汇集起来，IMF 的配额可以达到更高的效率。最后，还有特别提款权，但这些来得太晚，已无法影响黄金总库的命运了（参见第 1 章）。

国外美元负债额，已经超过了美国的货币黄金存量（仍见图2—1）。外国投资者，无论是官方，还是私人，两者都拥有了越来越多的理由来提出质疑：美国是否有能力继续履行其以固定价格承兑这些负债的承诺？

在伦敦这个最重要的黄金交易中心，长久以来，一座座交易大厅一直扮演着销售代理商的角色；来自英联邦（特别是南非、加拿大和澳大利亚）的新近开采的黄金，就是通过这里的交易所销售出去的。二战甫一结束，英格兰银行只允许非居民进行非常有限的黄金交易。接下来，在 1947 年至 1954 年期间，应国际货币基金组织的要求，伦敦黄金市场保持关闭状态。在其重张之后，主要的市场参与者是各国中央银行，尽管私人参与者所承担的作用与时俱增。

伦敦的黄金现货价格是由市场决定的，尽管这一价格受到了官方干预的影响（见图2－2）。与此同时，黄金的官定价格是由美

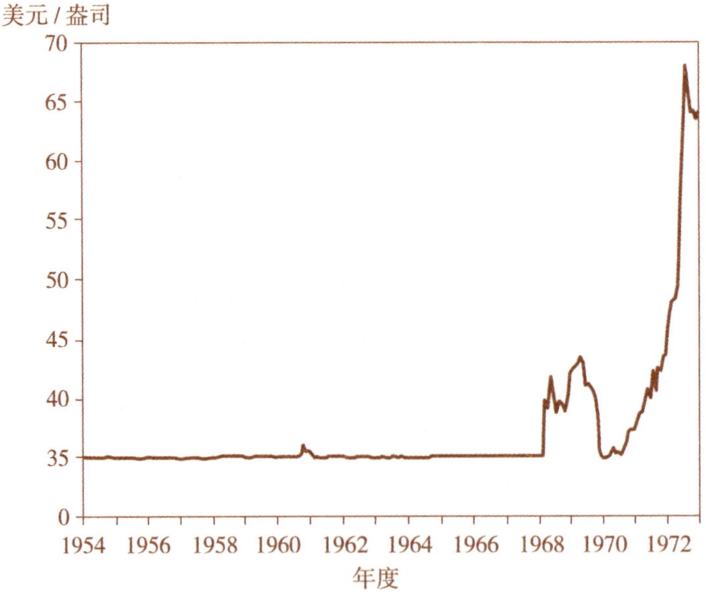

图 2—2　伦敦市场黄金价格（1954—1972 年）

资料来源：IMF，*International Financial Statistics*.

国货币当局以每盎司 35 美元加上一小笔交易费来确定的。[①] 这就造成了人们熟悉的金本位制的困境。如果伦敦市场金价高于官定价格，各中央银行就有动力换掉它们已经拥有的以美元计值的资产，从而以低价从美国买进黄金，然后在伦敦市场上以高价卖出黄
金。[②] 即使它们并非热衷于套利，但需要出售黄金的中央银行， 44
也具有在市场上出售的动力，同时，需要买进黄金的央行，则有动力从美国购买。它们分开进行的交易，会间接地产生同样的结果。

唯一长久的解决办法，是稳定黄金的市场价格。鉴于该目标对后续内容所具有的中心地位，政策制定者们当时亦认为这个目标具有重要意义，详细引述那个时期有关其重要性的一段解释是值得的：

> 稳定黄金市场价格的这项黄金互助政策是基于以下信念： 45
> 假如市场价格大幅偏离官定价格，就会产生针对官定价格的可行性的怀疑。这个想法就是，当看到黄金市场价格达到了比如说每盎司 50 美元或者更高时，一些中央银行行长或财政部长就会开始觉得，美国可能无法托住官定价格了。或者，也许某些央行行长会从美国买进黄金，然后在市场上高价售出，从而在两种价格之间进行套利。这样的怀疑、担忧和诱惑，假如变成了现实，就会导致中央银行为求稳妥，在其他央行采取同样行动之前，并在美国可能被迫或是提高官定价格，或是禁止官方的黄金销售之前，将其美元储备兑换成黄金。

---

① 实际的干预价格是 35.20 美元，即官方 35.08 美元的价格加上将黄金运至伦敦的海运成本和保险费。

② 或者它们可以只是持有黄金，享受可在未来某个日期以更高价格出售的期权价值。

因此，黄金的市场价格被视为具有货币上的重要意义，这使各中央银行采取稳定黄金市价的行动具有了充分的理由。[①]

与中央银行相比，私人投资者不能从事套利活动，因为他们无法利用美国的黄金兑换窗口。但他们意识到，当官员们看到黄金的市场价格相对于官定的 35 美元价格有所升高时，各中央银行就有动力将其美元资产兑换成美国的黄金储备。他们懂得，假如美国的黄金存量的消耗继续下去，美元最终将不得不贬值：这相当于，黄金的美元价格将不得不上涨。结果是，他们有动力购买黄金，在可以合法地从事这种交易的地方，这将进一步抬升这种金灿灿的金属的市场价格。一般而言，他们有动力抽逃美元，转而投向以外国货币计值的资产。其结果是，资本流入拥有强劲货币的国家的金融市场，其货币供给更加迅猛地扩张，而且通货膨胀也会加剧。[②]

46

理论上讲，中央银行可以尝试对资本流入进行对冲操作，出售以本币计值的债券，以消除其影响。但是，20 世纪 60 年代的经验，实质上是对国内金融市场的压抑，以及由此造成的对冲操作空间十分有限。因此，有效遏制输入通胀的唯一办法是让本币升值，德国和荷兰早在 1961 年就做过这样的事。但是，本币升值遭到了出口利益集团的对抗，并使出口导向型增长处于危险的境地。官员们担心，一次升值会吊起更大的胃口，使市场预期它们会再次升值，从而吸引更多的资本流入，为通货膨胀煽风点火，并加重其美元储备所肩负的压力。

---

① 所罗门（Solomon 1968，第 5～6 页）。

② 资本管制和其他限制性的规制有助于抑制这些压力。在官方持有和私人持有两者之间做出区分，这是一个理由。而且，因为这个缘故，在对美国政府的外国债权和国内债权两者之间做出区分，是头等大事。但那些管制和限制性的规制实施效果不大完美。

但是，仅仅是极力声明它们对现行汇率水平的承诺，并不会令这个难题化于无形。外国中央银行发觉自己左支右绌，进退维谷。如果它们将其美元储备兑换成黄金，就会促使美元更快地贬值，而这正是它们试图避免的。但是，如果它们止步不前，而其他国家继续兑换，它们就会遭受其美元储备上的资本损失。恰恰是这个困境，导致了黄金总库的设立。

2.2 集体行动

对伦敦黄金市场来说，20 世纪 50 年代是一段比较风平浪静的时期，尽管在 1956 年发生了苏伊士运河危机之后，刮过几股阵风。47 接着，在 1960 年 10 月，机缘巧合的多种因素使黄金市场价格飙升至每盎司纯金（a fine ounce（12/12 pure gold））40 多美元。市场参与者们推测，总统候选人肯尼迪的“让美国经济再次阔步向前”的承诺，预示着更多扩张性的货币和财政措施，而这会削弱美国的国际收支状况。[1] 他们在伦敦买进黄金，并抽逃美元，转投其他货币。在这一年的第四季度，美国被迫向英格兰银行出售了价值 3.5 亿美元的黄金，以稳定这个市场。瑞士购买了黄金，以抵消资本逃入这个市场所造成的通货膨胀效应。从阿根廷到南斯拉夫这些欠发达国家，也购买了美国的黄金以求自保，抵挡美元的贬值。

在 1961 年 1 月，候任的总统当选者肯尼迪重申，他承诺维持美元的含金量不变，以此安抚市场情绪。但是，柏林墙的建造所带

---

① 参见第 1 章。

来的政治上的不确定性①，以及美国赤字扩大的新闻，继续加剧了更进一步的美元抽逃，各方纷纷购进黄金。南非和加拿大表明了增大其自身黄金储备的意向，而不是向这个市场出售黄金，这在一定程度上反映着投机动机。为防止市价与官价之间的差距进一步扩大，美国被迫再次在伦敦抛售黄金。

截至 1961 年初，美国的货币黄金存量已降至不足 180 亿美元。尽管这个数量仍然接近世界总量的 50%，但是人们惊慌不安地看
48 到了这一数量进一步下降的前景。美国呼吁，在稳定币值和限制造成动荡的资金流动方面，西方国家拥有共同利益。因此，美国首先是向各国政府对话代表，然后是向在国际清算银行（BIS）召开会议的各国央行行长，建议就此做出某种非正式的安排。② 10 月，七个欧洲国家的政府接受了美国所提出的成立黄金总库的建议。这七国的中央银行同意和美联储一道，为稳定黄金市场，结成一个黄金销售联盟。美国为总库提供 50% 的资源。四个最大的欧洲国家——英国、法国、德国和意大利，同意各出资约 10%，而三个

---

① 柏林墙于 1961 年建造，1989 年拆除。其正式名称为反法西斯防卫墙，原位于德国首都柏林。它是在二次战之后，德意志民主共和国（东德）在己方领土上建立的围墙，目的是隔离东德（含东德的首都东柏林）和西德，从而阻隔东西柏林之间市民的往来。柏林墙的建立，是二战以后德国分裂和冷战的重要标志性建筑，也是德国历史上难以抹去的一道伤疤。柏林墙是东德政府根据人民议院 1961 年 8 月 12 日通过的法令，于 8 月 12—13 日夜间修筑，意在制止东德居民包括熟练技工大量流入西德。1989 年下半年，东欧各国政局剧变。在向德国西部移民浪潮的冲击下，民主德国原计划放松对东德人民的旅游限制，但同年 11 月 9 日柏林围墙即将开放的消息一经宣布，数以万计的市民即走上街头，拆毁存在了 28 年零 3 个月的柏林墙，整个德国陷入极度兴奋状态。11 个月后，两德终于统一，成为“柏林围墙倒塌”事件后的最高潮。——译者注

② 这并非首次提出这样的想法。1960 年 11 月，法国银行行长布律内（Brunet）曾经提出过类似的建议，以应对美国总统选举所造成的影响。但是，除非是由美国提出动议，否则其他国家不愿意继续讨论这个事情。参见托尼奥洛（Toniolo 2005，第 375 页及之后的内容）。

欧洲小国，比利时、荷兰和瑞士，各自出资约3%。[①] 英格兰银行被指定为该集团进行具体运作的代理机构，有权出于干预之目的利用该组合池内的黄金。

1961年11月6日至12月2日，这项安排成功地进行了试运行。于是，黄金价格被稳定下来，这使干预得以暂停。1962年2月，黄金价格开始下降，反映了苏联出售黄金所带来的影响。美国于是提议，该机制也应当用于协调伦敦市场上购买黄金的行动。每当可以按美国财政部较低的35.08美元的交易价格，或者以更低的 49
交易价格买到黄金时，即由英格兰银行代表该联盟统一进行购买，以此取代各中央银行各自分散购买黄金的方式，买到的黄金根据各参与方在该联合组织内的配额比例进行再分配。采购联盟增强了销售联盟的凝聚力。它提供了进一步的保证，即，当这个联盟可以补充各参与方的黄金储备时，这将按照各国在该集团出售黄金时所做贡献的同样比例来进行。在黄金市场上晚出手的中央银行，就不会发现其他参与者已捷足先登的情况了。在设立黄金总库之前，美国未曾在伦敦黄金市场上买过黄金；在这个意义上讲，购买黄金的这一联合组织，其运作对美国也是有利的。这样一来，当金价走低时，就要求央行购进黄金，美国就可以分得其中50%的配额。

黄金总库的缺陷是，除了各中央银行在稳定该体系上的集体利益之外，没有任何手段防止这些央行在英格兰银行代表它们出售黄金之后，重新补足其黄金储备。它们完全可以拿出因此而获得的美元，到美联储把它们兑换成黄金。1961年，美国的官员们实际上向其他国家做了保证，让它们享有这项特权，以换取它们参加到这

---

① 准确的份额是，美国承担50%，西德11%，法国、意大利和英国各$9^{1}/_{4}$，比利时、荷兰和瑞士各$3^{3}/_{4}$。

项安排中来。[1] 所以，由于法国试图保持黄金储备对外汇储备的较高比率，每当英格兰银行在伦敦市场上的运作使其获得了美元，法国就会从美国购买黄金，自动地使其黄金储备恢复到原来的水平。因此，尽管 1967 年 6 月法国退出黄金总库的消息具有某种心理冲击，但这对美国的黄金储备几乎没有什么具体影响。[2] 瑞士、荷兰和比利时曾于 20 世纪 30 年代，与法国一道加入了金本位国家集团，它们同样试图保持黄金储备对国内货币负债的较高比率。此时，这三个国家的行为与法国如出一辙（见图 2—3)。鉴于法国、比利时、荷兰和瑞士一旦通过总库的运作获得了更多的美元，就要求购买黄金，美国在总库中的实际份额更像是达到了 70％一样(美国自己占的 50％份额加上这四个国家合计 20％的份额)。

使美国的实际份额保持在低于 100％的水平，这要求美国进行道义上的劝告，以阻止英国、德国和意大利每当获得了更多的美元就要求兑换黄金的类似行为。[3] 美国拥有控制德国的手段，因为德国仍然依靠美国军队维持其国防所需。不出所料，德国政府和德意志联邦银行是黄金总库的忠实支持者，而且保证不把美元兑换成黄金。鉴于英国国际收支虚弱乏力，还要仰赖美国财政部和国际货币基金组织的资金支持，美国也有控制英国的手段。尽管如此，英国人对美元的支持有时却会出现动摇，因为他们几乎承受不起自身储

---

① 参见《阿尔弗莱德·海耶斯的备忘录》，1961 年 11 月 16 日，美国财政部文件，第 108 匣，编号 RG 56—97—60—25，美国国家档案馆。（“Memorandum by Alfred Hayes，” 16 November 1961，U. S. Treasury Papers，Box 108，RG 56—97—60—25，U. S. National Archives。）

② 关于法国脱离黄金总库一事，参见下一节的内容。

③ 参见《黄金总库运营的未来》，1966 年 7 月，美国财政部文件，第 29 匣，编号 RG 56—450—80—24—01，美国国家档案馆。（“The Future of Gold Pool Operation，” July 1966，U. S. Treasury Papers，Box 29，RG 56—450—80—24—01，U. S. National Archives. ）

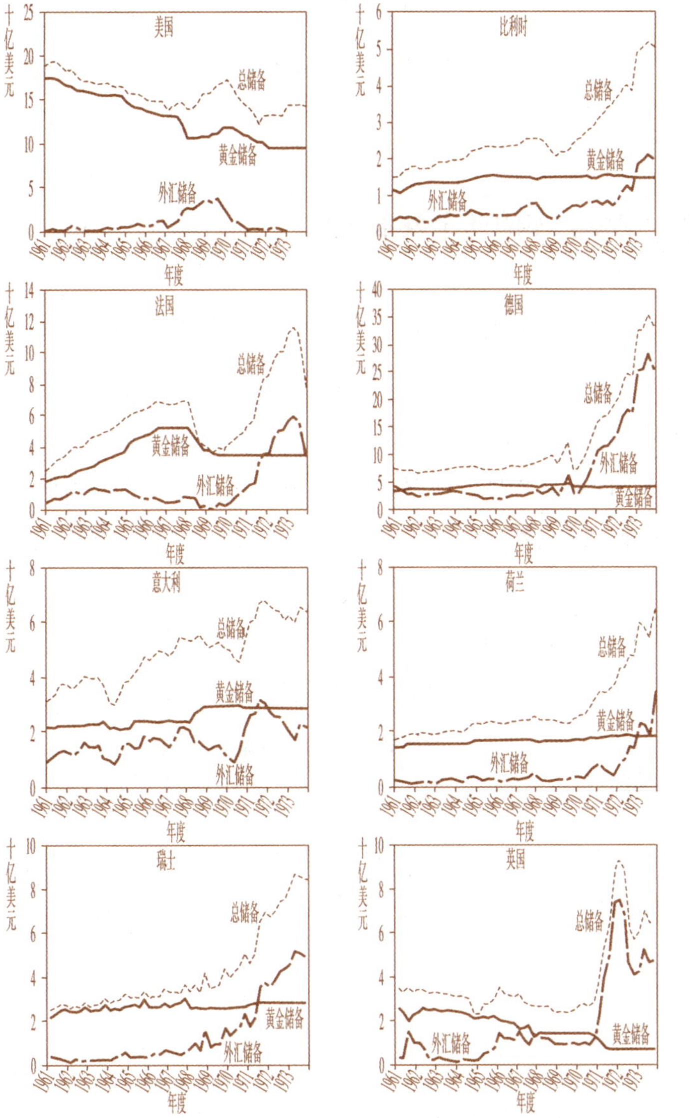

图 2—3　各国官方储备的构成：黄金总库各成员国的

外汇储备、黄金储备和总储备

资料来源：IMF，*International Financial Statistics*.

备上的资本损失。意大利同样需要来自国际货币基金组织和美国财 52
政部的资金支持，以遏制 1963 年出现的挤兑里拉的情势。因此，意大利同样支持汇集黄金进行互助。但是，其金融状况后来得以巩固，此时，意大利对美国的政策就开始表现出更多的保留态度了。

2.3 黄金总库的两个发展阶段

黄金总库的发展历史可以划分为两个时期。在其第一个发展阶段内，即从 1962 年到 1965 年，黄金价格较低。这是因为，在 1961 年和 1962 年南非几座新金矿的开采所支撑的黄金供给增加量，多于能与之相匹配的需求增加量。① 出乎其缔造者们的意料，黄金总库此时竟然成为了黄金的净买家，买入黄金的价值总额达到 13 亿美元（见表 2-1）。随着黄金储备包括美国的黄金储备的持续增加，几乎毫无理由担忧美元的稳定性问题。《商业周刊》大声宣告，黄金总库已经“彻底剥夺了货币投机的乐趣”。②

这种祝贺式的评价实属草率。从 1964 年末起，市场情绪开始恶化。在英国工党赢得大选，人们对英镑未来走向的不确定感与日俱增。1965 年 2 月 4 日，戴高乐在演讲中提出必须恢复金本位制。越南战争升级，中国购买黄金，印巴局势紧张。信心随之进一步退潮。

---

① 在诸如古巴导弹危机期间这样的较短时期内，黄金的市场价格曾有所上涨，但这些情况属于例外。[古巴导弹危机（Cuban Missile Crisis），古巴称之为十月危机，苏联称之为加勒比海危机。1962 年 10 月，在美国、苏联与古巴之间爆发了这场极其严重的政治、军事危机，对抗持续时间为 13 天，是冷战时期最严重的对抗事件之一。事件爆发的直接原因是苏联在古巴部署导弹。这场危机是冷战期间美苏大国对抗最接近于演变成一场核冲突的时刻，因而被视为冷战的顶峰和转折点。在世界史中，人类从未如此迫近地濒临一场核战争的边缘。有史以来，这场危机也是第一个把确保相互毁灭的威胁作为国际军备协议中的决定性因素加以讨论的实例。——译者注]

② 《剥夺乐趣》1964 年，第 132 页。["Taking the Fun Out" (1964, p. 132)]

表 2—1 **黄金总库交易额** 单位：百万美元

国别	百分比	1961—1965	1966	1967	1968年1月	1968年2月	1968年3月	1961—1968年3月合计	1966—1968年3月合计
美国	50.000*	+663.0	−130.0	−1 122.7	−81.8	−56.3	−765.0	−1 492.8	−2 155.8
德国	11.111	+207.6	−28.9	−211.6	−15.3	−10.6	−143.4	−202.2	−409.8
法国	9.259*	+116.2	−24.1	−5.5	—	—	—	+86.6	−29.6
英国	9.259	+136.7	−24.1	−176.3	−12.8	−8.8	−119.5	−204.8	−341.5
意大利	9.259	+43.6	−24.1	−176.3	−12.8	−8.8	−119.5	−297.9	−341.5
瑞士	3.704	+54.6	−9.6	−70.5	−5.1	−3.5	−47.8	−81.9	−136.5
比利时	3.704	+48.5	−9.6	−70.5	−5.1	−3.5	−47.8	−88.0	−136.5
荷兰	3.704	+33.6	−9.6	−70.5	−5.1	−3.5	−47.8	−102.9	−136.5
合计	100.000	+1 302.4	−260.0	−1 904.0	−138.0	−95.0	−1 291.0	−2 385.6	−3 688.0

1966年度结算：	−260.0	1961—1965年总库盈利额	+1 345.4
1965年12月31日总库收支余额	+42	1966—1967年总库亏损额	−2 206.0
1966年12月31日总库收支余额	-0-	1961—1967年净亏损额	−860.6
收支变动净额	−42.0		
1966年总库净亏损额	−302.0	1968年1月总库亏损额	−138.0
		1968年2月总库亏损额	−95.0
		1968年3月总库亏损额	−1 291.0
1967年1—6月总库亏损额	−101.9		
1967年7—12月总库亏损额	−1 802.1		
1966—1967年亏损总额	−2 206.0	1968年3月14日总库头寸	−3 688.0
1968年1—3月14日总库亏损额	−1 524.0		
1966—1968年3月14日亏损总额	−3 730.0		

* 在总库赤字达到 3.2 亿美元之后，法国不再参与黄金总库的活动，美国所占份额变成 59.259%。

注释：因四舍五入和其他调整，部分合计数的加总值可能与总计额不符。

资料来源：U. S. National Archives (Treasury Papers).

在第二个发展阶段，即从 1966 年到 1968 年，黄金价格走高。 53
这反映了存在着通货膨胀的种种压力：在需求方面，对美元和英镑这两种储备货币的信心出现下降，而在供给方面，南非和苏联黄金销售量有所减少。南非遭遇到了国际收支上的问题，现在试图恢复其储备。此外，20 世纪 50 年代和 60 年代开始开采的金矿，其生产率因最容易开采的矿层出现枯竭而下降。苏联获得了少有的谷物大丰收，因而降低了该国为平衡国际收支出口黄金的必要性，同样也使其得以增加储备。苏联也会乐于通过隐瞒黄金产量，使西方的货币问题恶化。自 1953 年以来，全球黄金生产量在 1967 年首次出现下降。在 1966 年到 1968 年这三年里，黄金总库是黄金的净出售者，其黄金出售额达到了 37 亿美元。这些事实的含义不言自明，由此我们不难理解，法国于 1967 年决定退出黄金总库，总库本身于 1968 年土崩瓦解，二者都是发生在这样的时间点上。1966 年之前，各成员国一直不必向总库增加实际资源。相反，总库的运作实际上使它们能够从黄金市场上拿走资源。只是从 1966 年开始，才真正要求它们说给钱就给钱了。

法国不愿继续参与，这是基于法国领袖反对布雷顿森林体系中不对等的方面。在该体系中，美元钉住黄金，但其他国家的货
56 币则是钉住美元。法国批评这种体制，因为在该体制中，美元以及程度稍逊的英镑，被用来补充其他国家的黄金储备。其结果是，储备货币发行国享有宽松的国际收支约束。这样的国家得到了其金融负债要求达到的收益率上的优惠。这使美国更易于采取主动的外交政策行动，却使戴高乐在与其欧共体伙伴们的协力合作之下，追求实行独立自主的法国外交政策的努力，更加复杂化了。

在法国看来，为了恢复世界货币体系的金属基础，提高黄金的价格是不可避免的。只有到那时，货币黄金的价格才足以满足各中央银行的储备需求。与此偏好相一致，在其总储备之中，法国不成比例地持有了较多的黄金储备。因此，在金价上涨之时，法国坐享到相当大的资本收益。

在1967年上半年，黄金总库的压力增大。3月份，美国的财政部长亨利·福勒（Henry Fowler）[1] 发出警告称，为应对持续之中的黄金外流问题，美国可能不得不采取“单边行动”。4月，美国悄悄照会其他国家称，如果外国中央银行继续把美元兑换成黄金[2]，美国有可能被迫更改其允许官方购买者可以不受约束地获得黄金的政策。6月，六日战争激起了私人投资者的黄金抢购潮[3]，迫使黄金总库在两天之内向市场投放了6 000万美元的黄金。[4] 接下来，召开了国际货币基金组织和世界银行里约热内卢会议。人们本来希望这次会议可以促成早日创设某种虚拟的储备资产——最终 57
这种资产是在后来成为了特别提款权，其目的是为了充分满足储备需求，减少官方的黄金需求。然而，当时这种希望却受到了挫折。紧接着，在11月，英镑的贬值进一步削弱了人们对剩下的那种储备货币即美元的信心。

最后，在11月21日，即英镑贬值3天之后，法国已撤出黄金

---

① 亨利·福勒（Henry Fowler，1908—2000），美国律师和政治家，于1965年4月1日至1968年12月20日任第58任美国财政部长。在就任财政部长期间，他面临的主要问题是通货膨胀和国际收支逆差。在有关国际收支余额的辩论中，他赞同采取“加速慢行”的方法。1968年，他组织设立了双重黄金市场体系。他参与了1967年至1968年关于特别提款权的国际协议的谈判工作。——译者注

② 此外原文写作“conversions of gold into dollars”（“把黄金兑换成美元”）。经与原作者核实，中译本改正为“把美元兑换成黄金”。——译者注。

③ “六日战争”是指第三次中东战争，美国和以色列方面称六日战争，阿拉伯国家方面称六月战争，亦称六·五战争、六天战争。它发生在以色列国和毗邻的埃及、叙利亚及约旦等阿拉伯国家之间。开始于1967年6月5日，共进行了6天，结果埃及、约旦和叙利亚联军被以色列彻底打败。这次战争是20世纪军事史上最具有压倒性结局的战争之一。在军事上，亦被视为“先发制人”战争的一个典范。1967年的六日战争是中东战争中最具历史意义的转折点之一，其后续影响一直持续到今天，成为中东局势至今仍不可收拾的根源。——译者注

④ 托尼奥洛（Toniolo 2005，chap. 11，p. 414）。

总库这个事实，被泄漏到市场上。这件事本来发生于 5 个月之前，但此前一直被秘而不宣。人们普遍认为，法国《世界报》(*Le Monde*) 上透露这一事实的文章，是由一位法国官员撰写的。[①] “想必是在法国的教唆下”，阿尔及利亚从美国购买了 1.5 亿美元的黄金。[②] 关于其他国家准备退出黄金总库的谣言，在法国的报纸上满天飞。11 月 23 日，也是设在巴黎的《先驱论坛报》(*Herald Tribune*) 报道说，现在从伦敦买进黄金的个人中，美国公民占有相当大的比例。[③]

针对这些负面消息犹如急促鼓点般的凶猛攻势，黄金总库的成员国所做出的应对，是给它们的销售联合组织拨出更多的资源。但是，随着黄金总库抛售的黄金数额攀升，欧洲的成员国对这项安排表现出越来越深重的忧虑感。在 11 月 25 日和 26 日那个周末，德国政府召开了讨论总库未来的一次会议。在这次会议上以及在公开场合，美国的官员们再次断言，不会提高黄金的美元价格，并重申

---

① 参见《1968 年伦敦黄金危机》，英国档案局，编号 PRO T/267/21，1975 年 1 月，第 11 页。[“The London Gold Crisis 1968,” PRO T/267/21 (January 1975), p. 11]

② 引自所罗门 (Solomon 1977，第 115 页)。这也是纳尔逊 (T. P. Nelson) 于 1967 年 11 月 29 日在写给美国财政部长的备忘录第一页上所做出的反应。美国财政部文件，第 29 匣，编号 69A—75—84—29，美国国家档案馆。(Treasury Papers, Box29, 69A—75—84—29, U. S. National Archives.)

③ 而且，一周后，《华尔街日报》报道，美国商人和旅游者违反不准美国人持有黄金的法律规定，正在墨西哥城购买黄金。美国财政部得出的结论是，这些报道都是夸大其词，却已经造成了对信心的破坏。参见 J. P. 亨德里克：《对违反黄金管理条件的行为的调查》，1967 年 12 月 8 日，美国财政部文件，第 29 匣，编号 69A—75—84—29，美国国家档案馆。(J. P. Hendrick, “Investigation of Gold Regulations Violations,” 8 December 1967, Treasury Papers, Box 29, 69A — 75 — 84 — 29, U. S. National Archives.)

了愿意采取必要的调整措施。① 作为回报，六个欧洲成员国同意继续参与这个销售联合组织的活动，尽管意大利银行、比利时国家银行和荷兰银行只是勉强地默认了这一点。② 该联合体的各成员国扩大了它们相互之间的互换网络，并获得了瑞士大型私有银行的以下承诺，即除非有保证金，否则不接受购买现货或远期黄金的订单。但是，有几个参与国迅速地从美国购进了黄金，以替换它们提供给了总库的黄金。没有参与这项安排的其他中央银行也从市场上购买了黄金，从而进一步加大了对黄金总库参与国的压力。在 12 月，伦敦市场上可以确认身份的黄金买进交易情况包括：马来西亚（700 万美元）、伊朗（3 600 万美元）、科威特（5 200 万美元）、新西兰（3 000 万美元）、芬兰（500 万美元）、中国（3 300 万美元）、东德（2 900 万美元）以及其他东欧国家（500 万美元）。它们的黄金购买量合计额，达到了英镑贬值以后所有这类购买总量的 1/5。③ 在 12 月份的第 1 周里，美国的黄金存量下降了近 5 亿美元。 58

12 月 9 日至 10 日，在巴塞尔的中央银行行长会议上，与会者们讨论了应对这场危机的种种选择。这些方案中包括美国提出的一项计划，即为黄金总库的各成员国创造一种新的储备资产——“金

---

① 此外，他们同意提出立法建议，拟废除联邦储备券（Federal Reserve notes）要有 25%的黄金准备金之规定，从而使其储备可以更多地用来满足外国中央银行的需要。见下文的内容。

② 据报道，意大利曾请求获得美国的保证，即，如果意大利对黄金总库做出进一步的贡献，而且，假如此后黄金的美元价格进一步上涨，那么，它将会得到补偿。

③ T. P. 纳尔逊：《黄金市场展望》，呈报戴明副国务卿的机密备忘录，1968 年 3 月 16 日，美国财政部文件，第 29 匣，编号 RG56—450—80—24—01，美国国家档案馆。(T. P. Nelson, "Gold Market Outlook," Confidential Memorandum to Under Secretary Deming, 16 March 1968, U. S. Treasury Papers, Box 29, RG56—450—80—24—01, U. S. National Archives.)（原文中此处漏排了档案文献的年份。经与原作者核实，中译本做了补充。——译者注）

库券”，以代替该银团的参与者们将要在市场上出售的黄金。遗憾的是，该方案只是假想出了解决难题的一个办法而已。鉴于他们不
59 愿意实现黄金的非货币化，作为交换，各中央银行接受金库券的意愿受到以下情况的限制，即美国没有能力可靠地保证金库券会和黄金一样，正如它也没有能力可靠地保证美元和黄金一样。[①]

作为另一项选择，美国建议运用道义劝告，把黄金需求限制到“正常商业需要量”上。这个方案要求英格兰银行去找伦敦最重要的五位金砖交易经纪人商量，让他们每天都要提供所有买者的名字。出于担忧这么做会削弱伦敦市场的有利条件，英格兰银行对获取买方人名的适当性，“保留了联合王国的立场”。它担心，这样的措施会把黄金买主们赶到南非去，在那里，他们可以直接从黄金生产者手中购买；或者，这样的措施会导致在巴黎形成第二个黄金市场。

至此，结局如板上钉钉，已经无可更改了。1967 年 11 月至 1968 年 3 月，黄金总库抛售了约 30 亿美元的黄金，大致占到了参与国家黄金储备合计额的 10%。“黄金总库是个烂笑话，”一位瑞士银行家如是说，“它总是做单边交易。我们至今从未见过这样的抢购潮。”[②] 以 3 月 1 日结束的那一周，总库向市场抛售的黄金达

---

① 参见《稳定黄金市场的金库券计划》，1967 年 11 月 24 日，美国财政部文件，第 29 匣，编号 RG56－450－80－24－01，美国国家档案馆。（“A Gold Certificate Plan to Stabilize the Gold Market,” 24 November 1967, U. S. Treasury Papers, Box 29, RG56－450－80－24－01, U. S. National Archives.）在下述文献中详细记述了欧洲方面对金库券计划的反对意见（主要被归于昂西奥［Ansiaux］和卡利［Carli］）。《对金库券计划的反应》，1968 年 2 月 10 日，美国财政部文件，第 29 匣，编号 RG56－450－80－24－01，美国国家档案馆。（“Reactions to the Certificate Plan,” 10 February 1968, U. S. Treasury Papers, Box 29, RG56－450－80－24－01, U. S. National Archives.）

② 引自《纽约时报》1968 年 3 月 12 日第 66 版（*New York Times*, 12 March 1968, p. 66）。

到了尖峰值 1.26 亿美元（见表 2—2[①]）。但是，这和随后的情况相比实在是微不足道，因为此后一周的黄金抛售量是前一周的三倍。3 月 13 日，关于意大利已退出总库的谣言四起。第二天，在人们

表 2—2　**伦敦黄金总库：**1968 **年每月和每周交易额**　单位：百万美元

	在伦敦市场上的黄金购销净额：净购买额（+）净销售额（−）	向各成员国的分配额（+）或从成员国收取的偿付额（−）	总库所有运作所导致的累积头寸（期末额）		
			合　计	向美联储再筹资金	保留在欧洲经济区内（+）从欧洲经济区流出（−）
时间段：					
1 月份	−138	−324	−138	—	−138
2 月份	−95	−138	−95	—	−95
3 月初至 14 日	−1 294	−866	−520	—	−520
以周末日标记的各周：					
1 月 5 日	−3	—	−3	—	−3
1 月 12 日	−3	—	−6	—	−6
1 月 19 日	−89	—	−95	—	−95
1 月 26 日	−41	—	−136	—	−136
2 月 2 日	—	−138	−14	—	−14
2 月 9 日	−19	—	−33	—	−33
2 月 16 日	−10	—	−43	—	−43
2 月 23 日	−25	—	−68	—	−68
3 月 1 日	−126	−95	−99	—	−99
3 月 8 日	−400	—	−499	—	−499
3 月 14 日	−792	−771[a]	−520	—	−520[b]

资料来源：Public Record Office（PRO T267/21）.

注释：a. 由美联储临时收取的偿付额：3 月 12 日（1.25 亿美元），3 月 13 日（1 亿美元），3 月 14 日（2 亿美元）以及 3 月 18 日（3.5 亿美元），总计 7.75 亿美元。其中，400 万美元用以弥补超出允许额度的余额。

b. 英国的份额是 1.2 亿美元；其他欧洲国家的份额是 4.06 亿美元（待结算）。这些款项将偿还给美联储。

---

① 原文中表 2—2 的注释有 a、b 和 c 三条，但原表格内数据中无上角标为“a”的标注。经与原作者核实，为校正这一错误，中译本按其要求将原注释 b 调整为注释 a，将原注释 c 调整为注释 b。——译者注

62

普遍称之为大恐慌的市场形势下，英格兰银行代表银团售出了 4 亿美元的黄金。据报道，巴黎金币市场交易活动的总交易额上升到 15 吨，是此前最繁忙的交易日里每天交易额的 30 倍。到了这个时候，美国的黄金储备额已经下降到 110 亿美元，其中 105 亿美元的黄金储备，按照要求是留作发行纸钞的准备金。[①]

被这场“淘金潮”弄得不知所措的英国当局，命令伦敦黄金市场休市，并宣布银行放假。美国中止了发行联储纸钞须持有黄金作为后盾的法规。而且，在 3 月 14 日，美国当局向其欧洲伙伴传达了设立双重黄金市场的意向。在这样的市场里，允许黄金的市场价格发生变动，但黄金的官方价格仍钉住在每盎司 35 美元的水平。为了获得黄金总库各参与国中央银行行长们的同意，一架总统专机被派到欧洲去接他们。

3 月 17 日，星期天的上午，联邦储备大厦的委员会会议室。代表黄金总库其他成员国与会的那些官员们，可是一点都高兴不起来。他们认为，这份设立双重黄金市场的建议，表明了美国无力解决根本问题，而且，这是走向美元贬值的第一步——实际上，这本身就是在让美元贬值。他们感到不快的是，美国是把这项新的安排作为一个既成事实来宣布的。但是，这个方案至少允诺了，可以解除对他们进一步干预市场的要求。于是，美国的建议得以采纳。为提供足够时间，让市场恢复到正常状态，伦敦黄金市场休市 11 天，直到 4 月 1 日那个星期一为止。至此，黄金总库已是山穷水尽，风

---

① 此外，直到 1965 年初为止，仍要求联邦银行的储蓄要备有 25% 的黄金储备。这与 1931 年的自由黄金（free gold）问题的相似性是显而易见的（Eichengreen 1992）。问题不在于，这个约束条件在实际上是非做到不可的（在两种情况下都并非如此），或是可以通过立法行动或政令予以放松（在两种情况下都可以这样做），而是市场参与者们是否对这些事情抱有怀疑，以及这些怀疑反过来是否加大了美联储肩负的压力。参见所罗门（Solomon 1977，p. 117）。

流云散了。

2.4 对黄金总库崩溃的解释 63

各参与国在维持美元钉住使国际货币体系锚固下来的黄金方面拥有集体利益，这是黄金总库的基础所在。正如国际清算银行于1963年所说的那样，它们的协议“是基于以下考虑，因为它们的货币通过美元可以兑换成黄金，金价在更宽幅度上的波动，可能影响到该集团所有成员国的货币价值的稳定，所以，干预的负担应该由所有成员共同分担。”[①] 但是，尽管限制把美元拿到美联储兑换成黄金，可能符合各参与国的集体利益，在美国关闭黄金兑换窗口，或是提高官方金价之前，把这些美元尽可能多地变现为黄金，却符合它们各自的个体利益。使黄金总库团结一致，造成了团结任何卡特尔都会引起的难题：难以抑制各个参与者不忠于其协议的诱惑。而且，由于种种原因，要把黄金总库拧成一股绳，甚至比团结普普通通的卡特尔更成问题。

第一，这项安排的各参与方对于它们的协定用以解决的问题，没有一个共同的认识。对它们所结成的卡特尔的成本和收益，它们没有共同的评价。对美国来说，该总库用以支持的35美元的黄金
价格，是国际货币与金融体系的关键。让它坍塌掉，将把整个布雷 64
顿森林体系置于危险之中。假如美元对黄金贬值，紧随而来的可能是一轮混乱不堪的竞争性贬值，就像20世纪30年代的情况一样，

① 《中央银行合作的发展》，1963年11月28日，国际清算银行档案编号7 18（16），Box HAL 2，Folder 01。（“The Development of Central Bank Co-operation,” 28 November 1963, BIS Archive File 7 18 (16), Box HAL 2, Folder 01.）

破坏对这种多边体系的支持。另一种选择是，假如美国为了巩固其国际收支地位，被迫地通过采取紧缩性的政策，捍卫其黄金储备，世界经济就可能经受与1929年至1931年的情况一模一样的通货紧缩。其他国家急需储备，却又看到自己的国际收支状况恶化，它们就会猛然采取进口管制措施，这会危及关税与贸易总协定(GATT)肯尼迪回合谈判，威胁到持续的出口导向型增长。以这种观点来看，集体合力支持美国的黄金储备，不是仅仅符合美国的利益，而是对全世界有利。

法国的判断却有所不同。而且，在一定程度上，比利时、荷兰和瑞士接受法国的这种看法。这些国家把使用美元作为国际储备手段，看成是在促进通货膨胀。由于美元所扮演的非对称性的角色，以及其他国家的货币钉住美钞的惯例，美国实际上不仅仅决定着其自身的通货膨胀率，还决定了整个世界的通货膨胀率。① 而且，因为美国的货币扩张会外溢到其他国家，所以，美国缺乏足够的动力，使其扩张性货币政策的通货膨胀后果内部化。恢复稳定性因此要求美国勒住货币增长率的缰绳。然而，只有当美国被迫巩固其国际收支地位时，它才会这么去做。尤其是法国，把从美联储购买黄金，视为鼓励美国做出这些必要的调整。②

关于国际合作早先的研究强调了，共同的观念框架作为集体行动的一项先决条件，具有重要意义。③ 若缺少对问题的共同判断，

---

① 根伯格和斯沃伯达（Genberg and Swoboda 1993）阐明了这一过程的作用机理。

② 恰恰是在此情景下如何才能避免出现通货紧缩的后果这一点，从来都不是完全清楚的。法国人当然不会想到转而实行普遍浮动以及1971年之后才发生的黄金非货币化。鉴于他们支持黄金发挥更大的作用，他们也不是创设虚拟储备资产的热忱的支持者。

③ 参见弗兰克尔和罗基特（Frankel and Rockett 1988）以及艾肯格林和尤赞（Eichengreen and Uzan 1993）。

来自不同国家的政策制定者们就不可能支持合作性的应对措施。20世纪 60 年代的黄金总库是有关这种现象的一个明确的例子。与此相关的事实是，黄金总库被视为有利于实施在其他联合体成员看来于己不利的美国政策。其他那些国家，其中最重要的是法国，反对说，支持美元使美国得以实施更多扩张性的财政政策；而要是没有这些支持的话，美国本来不可能实施那么多的此类政策。若没有它们的支持，美国就会被迫增税并减少政府开支，以进一步巩固其贸易和经常账户的收支状况。黄金总库使美国更容易追求单边的主动性的外交政策行动，诸如实施针对古巴的贸易禁运，令越南战争升级，这些态度都让欧洲的观察家们感到忧虑不安。

黄金总库的第二个缺点是缺少强制执行机制。这八个国家的联合组织，缺乏对不遵守规则的成员实施制裁的机制。对法国来说，问题在于，美国未能驾驭增大了金价上涨压力的持续不断的美元流
动；在较小程度上，对比利时、荷兰和瑞士来说，也是如此。作为 66
其在此购买集团中的成员身份的交换条件，法国要求美国采取更多的紧缩性政策，但是，除了威胁不再参加活动之外，法国对于迫使它们采纳这样的政策束手无策。① 美国也无法采用制裁手段强迫外

① 罗伯特·所罗门（Robert Solomon）那时供职于美国联邦储备委员会，他认识到了这个问题，并建议把黄金总库的持续与一种新的储备资产的设立（沿着这一思路后来成为特别提款权［SDR］）联系起来。正如后来实际发生的情况，黄金总库土崩瓦解，1968 年设立了双重黄金市场，私人交易有一种价格（伦敦市场价格），官方交易有另一种价格（每盎司 35 美元），这的确帮助勉勉强强地恢复了均衡。市场价格的上涨为南非扩大其黄金生产和销售带来了动力，最终使市场价格回落到 35 美元。但是，这样的反应只是在使黄金的官价与市价分离之后才发生的，而且其运作花费了相当长的一段时间。这恰好是在古典的金本位制下，假定能够发挥作用的维持黄金价格稳定的方式。（有关该机制的现代阐述，参见 Barro 1979）。同样地，在金本位制的条件下，价格变动所引起的黄金矿业的反应，要花费相当长的一段时间才能起作用（Eichengreen 1996a）。与此同时，两种价格的发散背离所发出的信号，提醒各中央银行得两边下注，以防损失。

国支持。面对法国撤出的前景，美国的官员们讨论过这样一些可能性，如对法国的出口实施贸易禁运，对法国居民的美元交易实行管制，在国际货币基金组织内采取行动以期发表一份正式声明，宣布法国法郎为稀缺货币。① 法国撤出之后，还讨论了要求法国立即向美国偿付其仍未结清的第一次世界大战（以下简称“一战”）借款。② 所有这些措施均被视为弊大于利，这不是没有道理的。

第三个缺点是，这个卡特尔并不是包罗万象的组织。存在着属于“竞争边缘”的小国家，它们所处的地位使之可以搭黄金总库运作的便车。对总库做出贡献的国家，除了给予道义劝告之外，对于阻止发展中国家和中东石油生产国把美元兑换成黄金的行动，无计可施。随着美国货币黄金存量的下降，黄金总库各成员国因这一边缘的存在而付出的代价日显沉重。

67 第四个缺点是，黄金总库与其他制度安排难以调和。外国对美国黄金储备的支持，以及欧洲中央银行方面不把美元兑换成黄金的协议，恰恰与国际货币基金组织的协定条款不相符。布雷顿森林体系的官方形象是一个分散化的、基于市场的、对称性的货币安排，但前面所述两方面的内容与这一官方形象无法调和。由此，各参与国几乎不向外界提供有关它们之间协议

---

① 《维德曼先生呈报戴明副国务卿的备忘录》，1968 年 1 月 21 日，美国财政部文件，第 56 匣，编号 69A 75－84－29。（Memorandum from Mr. Widman to Under Secretary Deming，21 January 1968，Box 56，U.S. Treasury Papers，69A 75－84－29.）（原文中此处漏排了档案文献的年份。经与原作者核实，中译本补充了档案文献的具体年份。——译者注）

② 《第一次世界大战债务与黄金兑换》，1968 年 2 月 19 日，财政部文件，第 28 匣，编号 69A 75－84－28。（“World War I Debts and Gold Conversion，” 19 February 1968，Box 28，U.S. Treasury Papers，69A 75－84－28.）

的任何信息。

第五个缺点是，黄金总库是不透明的。参与其中的各中央银行几乎不提供有关其储备运作的现时信息。其结果是，人们对黄金总库是否以及何时会干预有不确定感，并且屡屡出现关于它将解散的传言。缺乏可靠的公开承诺意味着，官方干预很少是在稳定私人预期和市场行为，而更多的是起着相反的作用。正如大约在 1962 年的《经济学家》上有一篇本来是给予赞美的评论中所说的那样，“假如其开展的活动不是处于保密状态，黄金总库的功效确实可能会更加引人注目。”[①]

最根本的缺陷是这项卡特尔安排的动态不稳定性。随着各国的经济增长及其贸易规模的扩大，他们对国际储备的需求量也会上升。他们积累的美元越多，他们抵御把美元兑换掉的诱惑的时间越长，美元储备对黄金储备的比率上升得越高，为了恢复资产组合均衡所必需的黄金美元价格的上涨幅度也就越大。因为黄金的当前价
格与预期的未来价格两者之间的差距随着时间的推移而变大，背叛 68
黄金总库变得越来越魅惑人心。[②]

---

① 《黄金总库的第一年》，1962 年（“Gold Pool's First Years,” 1962，pp. 1293－1294），在托尼奥洛（Toniolo 2005，p. 380）中被引用。

② 假如黄金总库从未存在过，这个世界是否会变得更好？这个问题的答案，取决于一个人关于在总库缺席的情况下事态将会如何演变的看法。美国会以调整货币和财政政策做应对，限制其黄金损失吗？这样会给世界经济带来通货紧缩压力，并造成储备短缺的国家断然控制进口和金融交易吗？作为另一种选择，美国会更加迅速地关闭黄金兑换窗口吗？假如是这样的话，这会导致更早地过渡到普遍浮动吗？抑或发生普遍危机的前景，会加速推进另一种人为创造的储备工具形式——最终成为特别提款权的谈判和颁行进程吗？这会把钉住但可调整的汇率体系维持到进入 20 世纪 70 年代，甚至延后更长的时间吗？这些是重要而趣味盎然的反事实的假想，但它们实际上是一项独立研究的主题了。

2.5 教训

试图阻止其货币相对于美元升值的亚洲国家，面临着集体行动的难题，这一想法是在第 1 章里加以讨论的。即使是在最好的情况下，集体行动也难以维系。但是，关于亚洲各中央银行的卡特尔为什么会难于团结一心，本章关于黄金总库发展历史的解读启发我们联想到许多另外的原因。

首先，今天的卡特尔，恰似黄金总库，并非包罗万象。与过去的情况如出一辙，存在着一系列第三世界国家和中东产油国，它们积极地致力于把美元兑换成黄金。今天存在着从俄罗斯到委内瑞拉的非亚洲周边国家，它们既有动力也有能力使其储备多元化。它们变现卖出的美元越多，试图阻止美元币值下跌的亚洲各中央银行，必须吸收的美元就越多。在存在这么一个周边的情况下，卡特尔式行为的成本就越高昂，而且持续进行下去的可能性就越低。

其次，各中央银行在其储备管理政策上不那么透明，这一事实令卡特尔团结一致的任务变得复杂化了。仅有为数不多的中央银
69 行，在本书成文之际为 21 家央行，依据国际货币基金组织的《特别数据发布标准》，公布关于其国际储备的货币构成的信息。它们一般每年仅公布一次。在上一次的报告中，名列其中的亚洲经济体仅有菲律宾和香港。各国政府和各中央银行分享的信息越少，且它们分享信息的滞后期越长，它们就越有可能认为，自己可以神不知鬼不觉地抽逃美元，实现储备多元化，而且不会引发退出潮。埃德温 · M. 杜鲁门（Edwin M. Truman）建议，应鼓励更多的国家提

供有关储备构成的信息，且最多仅滞后一个季度。① 或许有一天这会实现吧，但是，当前储备管理活动的不透明，对于这个卡特尔的团结来说并非好兆头。

再次，缺乏强制执行机制，即针对削减其美元储备，并使其储备多样化的亚洲国家，实施可适用于它们的可靠制裁的执行机制。

最后，存在着这样一个事实，即美国货币受到了这种支持，但美国却不是相关区域性安排的成员国。当黄金总库在艰难困苦之下刚刚面世时，美国试图让其伙伴们放心，由于承诺执行各自的国际收支措施，它们所承担的金融义务将是有限的。经济合作与发展组织（OECD）和国际清算银行（BIS）为讨论采取互惠性的政策调
整提供了便利的场合，而美国也会参与这样的讨论。当今的东亚及 70
太平洋地区中央银行行长会议组织（EMEAP）和东南亚国家联盟（ASEAN）不太适合进行这种讨论，因为美国不是其成员。像国际货币基金组织这样的全球机构，对它们来说，又过于庞大而笨拙了。

平衡要求确认存在着有利于维持现状的种种因素。一个因素是没有亚洲的夏尔·戴高乐。戴高乐这位政治领袖，决心要剥夺美元作为世界主导性储备货币的地位，并力求改变世界体系的结构。假如对于实现其目的来说实属必要的话，戴高乐会不惜使世界经济陷

① 杜鲁门（Truman 2005）。[埃德温·M. 杜鲁门（Edwin M. Truman），生于1941年，美国经济学家，担任彼得森国际经济学研究院高级研究员，其主要研究领域为国际金融制度，特别是国际货币基金组织和主权财富基金，长期专注于国际金融危机问题的研究。诺贝尔经济学奖得主保罗·克鲁格曼（Paul Krugman）称其为“国际经济学的乔治·斯迈利（George Smiley）”。乔治·斯迈利乃小说及电影中的虚构人物，是服务于英国海外谍报机构军情六处的情报官员。军情六处（代号为MI6，Military Intelligence 6），全称为英国陆军情报六局（MI6），又称秘密情报局，缩写为SIS。军情六处对外又称“政府电信局”或“英国外交部常务次官办事处”。——译者注]

入严重的混乱之中。有朝一日，亚洲会拥有它自己的戴高乐。不难想象，中美之间地缘政治竞争的加剧，在未来将促使中国领导人收回他们对美元的支持，并试图改造国际体系。然而，眼下，中国的领导人们显然还无意杀掉这只金鹅。

支撑现状的最重要因素是在亚洲存在着共同的发展模式。现行区域发展范式仍以出口导向型增长为中心。鉴于出口是政策的重点所在，亚洲各国和各中央银行所关心的是，不要促使构成其主要国外市场的那个国家的货币突然贬值。全球失衡必须通过调整汇率来
71 消除，在这个意义上讲，它们更愿意看到，这一过程是以不中断其出口增长的渐进方式，逐步地来实现。关于共同发展模式的这一认识，为讨论采取什么样的最适于推进这种渐进式调整的共享政策，提供了一个基础。

然而，虽然进展缓慢却确定无疑的是，亚洲各国正在远离依靠低估的汇率来支撑的传统的出口导向型增长模式。它们前进的速度各有不同。因而可以断定，有些亚洲国家比其他国家更愿意看到美元贬值。而且，对于稳定并以竞争方式定值的汇率，究竟应给予何种优先考虑，各国对此的看法会继续出现分化。随着不同看法的持续发展，支持美元的集体行动将变得更加难以维系下去。

黄金总库的崩溃发生在其成立六年之后，以及开始持续出售黄金仅仅两年之后，这不能保证亚洲对美元的支持将会在类似的时间限度内瓦解。20 世纪 60 年代与当前的国际货币形势之间的重要差别不容否认。尽管如此，黄金总库仍提醒我们，有些政府试图阻止作为其主要出口市场的国家所发行的货币贬值，这些政府面临着集体行动的难题。而且，黄金总库的历史提醒我们，制度性支撑乏力，信息不完整，集团之外存在着一系列周边国家，关于合意结果的性质开始出现观点分歧，每当此时，维持合作就可能出现问题。

第 3 章 如何退出钉住货币的汇率制度：日本与布雷顿森林体系的终结[①]

结束于 2005 年夏天的那十年，在大部分时间里，中国将人民币钉住美元，这相当于把人民币的汇率固定了下来。对中国来说，这是一段动力强劲的发展时期，出口导向型经济快速增长，伴以规模甚巨且不断扩大的对外盈余。就美国而言，这一时期对外赤字规模庞大，且持续增加。在出现这种失衡的背景下，关于中国钉住货币对其本身是否适当，这种做法对世界经济造成了何种影响，众说纷纭。对中国来说，问题是调高人民币兑美元的汇率，并接受更大的汇率弹性，是否会宰掉出口导向型增长这只金鹅，抑或这样的调整只是让其货币当局得以更有效地驾驭经济。就世界其他国家而言，问题是人民币升值以及中国转向更大的汇率弹性，是否为矫正全球失衡这个问题所必需。2005 年 7 月，中国政府宣布人民币升

① 这一章是与畑瀬真理子（Mariko Hatase）合写的。

74 值 2%，并表明有意逐步转向更大的汇率弹性，此时问题变成了这种温和的升值是否足够，中国政府是否真的准备好了允许人民币汇率的灵活性显著增强，以及对经济增长的影响会是怎样。

要解答这些难题，几乎没有任何先例。尤其是，很难想象，在赶超的早期阶段，许多体量庞大、出口导向、快速增长的经济体自愿地退出钉住货币的汇率安排。

然而，处于布雷顿森林体系末期的日本提供了采取这类行动的一个先例。在实行了把日元固定在每美元兑 360 日元的汇率水平上 20 年之后，日本于 1971 年 8 月 28 日将日元与美元脱钩，此后于 12 月 18 日连同执行《史密森协定》(Smithsonian Agreement，该协定重新调整了汇率平价，扩大了非储备货币兑美元的汇率允许波动幅度，但在其他方面维持当时实行的国际货币体系不变)①，重新把汇率固定在 308 日元的水平上。新的日元钉住汇率水平持续了 14 个月，此后采取了更大的汇率弹性。

---

① 史密森协定（Smithsonian Agreement）指 1971 年 12 月 18 日，布雷顿森林体系解体后西方十国所达成的新的国际货币制度的协定，旨在调整 1944 年的布雷顿森林会议所确立的固定汇率体系。由于会议在史密森学会召开而得名。目的是企图在布雷顿森林体系崩溃后，调整美元价格，在相对宽松的情况下重新建立一个新的准布雷顿森林体系。1971 年 8 月 15 日，尼克松宣布实行"新经济政策"，停止按照 35 美元每盎司的价格兑换非储备货币国家的美元，并进行其他经济政策调整。这些政策措施引发了布雷顿森林体系的崩溃。该协定的主要内容是，美元对黄金贬值 7.89%，每盎司黄金的官价由 35 美元提高到 38 美元；调整汇率平价，美元平均贬值 10%，其他欧美主要货币升值；非储备货币对美元的波动允许幅度由正负 1%调整为正负 2.25%；美国政府取消 10%的临时进口附加税。到 1973 年为止，尽管其他货币仍然钉住美元，但和先前的体制相比，主要区别是废除了由美国财政部保证将美元兑换为黄金的规定，从而使美元实际上成为一种不兑现的法定货币。然而，该协定并未消除对美元的信任危机；未能阻止美国国际收支继续恶化。1973 年第八次美元危机爆发后，美元对黄金再次贬值，协定各国先后放弃该协定，采用浮动汇率制，该协定挽救布雷顿森林体系的尝试彻底失败。——译者注

本章运用这一历史先例，阐明有关中国汇率政策的争论。我们认为，这两个例子之间存在着许多相似之处，特别是考虑到持续十多年的成功的出口导向型增长，政策制定者们不愿意筹划本币显著升值。相似之处，甚至体现在最终采取调整措施时的具体细节上——一次性的升值步骤，过一段时间之后，再逐渐地转向更为自由的浮动。

与此同时，进行这一类比必须谨慎。那时的日本比现在的中国 75
发达。那时日本的人均收入水平更高，而且其经济更接近于美国所界定的科技前沿。尽管日本政府广泛介入经济活动，但政府的渗透在日本并不像在中国那样无处不在。日本也拥有更为复杂精致的金融市场和发育更好的货币传导机制。然而，尽管存在这些差异，日本从 20 世纪 50 年代一直到 70 年代的经验，仍可以为当前中国货币政策的选择提供有益的借鉴。

3.1 背景

20 世纪 50 年代和 60 年代的日本，就像 20 世纪 80 年代和 90 年代的中国一样，以其史无前例的速度增长。1955 年至 1971 年，日本的国民生产总值（GNP）年均增长 9.3%。与日本过去的历史阶段相比，这是引人注目的加速增长。从 1913 年到 1950 年，日本 GNP 年均增长 2.0%；从 1885 年到 1913 年，日本经济的年均增速为 2.6%。[①] 自从 1978 年开启经济改革以来，中国经济每年扩张近 10%，同样是增长业绩上的一场革命。

在二战后的日本，如同在今天的中国一样，经济增长受到出口

① 1913 年至 1950 年的增长数字因二战后的例外事件而被压低。在 1913 年至 1940 年这一较短时段内，年均增速为 4.0%。

的刺激，得益于先进技术的转移，依靠投资来维系，并得到了廉价
76 劳动力弹性供给的支撑。1955 年至 1971 年，日本出口以平均每年 17%的速度增长，达到产出增速的 1.5 倍以上。[①] 1959 年至 1969 年，出口额增长 4 倍，随后的两年里又增长了 1/3。即使按照当代中国的标准，这也属不俗的表现。与这些趋势相关联的情况是，在整个 20 世纪 60 年代，日本在世界其他国家和地区的进口额中所占份额翻了一番，尤其是在美国商品进口总额中，日本供应商所占份额迅速扩大（见表 3－1）。日本对美国的贸易盈余在 1970 年超过了 10 亿美元，这反映了美国吸纳日本消费品出口的市场扩张，以及日本

表 3－1 **出口与经常账户（日中对比）**

	日本			中国		
	年均出口增长率（%）	在美国进口中所占份额（%）	经常账户余额（十亿美元）	年均出口增长率（%）	在美国进口中所占份额（%）	经常账户余额（十亿美元）
20 世纪 50 年代	12.4	3.9	0.1		0.2	
20 世纪 60 年代	16.6	10.8	0.3		0.0	
20 世纪 70 年代	14.6	13.3	3.1	13.5	0.2	
20 世纪 80 年代	5.3	18.5	42.0	25.0	1.4	−1.8
20 世纪 90 年代	2.3	15.6	99.4	23.4	6.4	12.5
21 世纪前 10 年	3.5	10.7	114.0	22.4	10.4	24.4

资料来源：INF，*Balance of Payments Statistics*；IMF，*Direction of Trade Statistics*；IMF，*International Financial Statistics*；Bank of Japan，*Balance of Payments Monthly*；National Bureau of Statistics of China，*China Statistical Yearbook 2001*；Yamazawa and Yamamoto（1978）.

注释：出口增长率是基于以本国货币计值的数字。在美国进口中所占份额是使用以美元计值的数字计算的。自 2000 年以来在美国进口中所占份额是使用 2000 年至 2003 年的数据计算的。1980 年代中国的经常账户余额数字是 1982 年至 1989 年的平均值。2000 年以来的中国经常账户余额为数字是 2000 年至 2002 年的平均值。2000 年代日本的经常账户余额包括了直到 2004 年的数据。

① 这一增速几乎可以匹敌中国的出口增长速度。近年来中国出口每年大约增长 20%。

为了从其他供应商进口能源和原材料获取资金的需要。在 20 世纪 60 年代末期，雄厚的贸易盈余使日本得以将其外汇储备增加一倍多。

截至 20 世纪 60 年代末，日本的国民总储蓄率已升至 40%，投资与国民生产总值的比率已达到 35%，水平堪比中国现在的情况（见表 3—2）。在 20 世纪 50 年代后半段以及 60 年代的前半段，日本农业的就业人数每年下降 3%，被以制造业、多种配套产业、建筑业和服务业引领的现代部门中就业的迅速增长所抵消。二战之后，超过 70%的日本全职农户就业不足。[①] 因此，富有弹性的劳动力供给，可以在不降低农业产出的情况下为工业所用。[②] 当时人们提到一种双重的工资结构，其中现代部门中的企业雇员工资水平至 78

① 这是依据大川一司和亨利·罗索夫斯基的研究成果（Ohkawa and Rosovsky 1973）。[大川一司（Kazushi Ohkawa，1908—1993），日本经济学家，农学博士，致力于长期经济统计研究，曾任东京商科大学教授、经济企划厅经济研究所所长、一桥大学经济研究所所长，被誉为日本的西蒙·库兹涅茨。亨利·罗索夫斯基（Henry Rosovsky），1927 年生于但泽自由城（今波兰北部港市格但斯克），美国经济学家及大学管理者，日本经济问题研究专家，曾执教于伯克利加州大学，讲授经济学、历史和日本研究，后任哈佛大学文理学院院长、经济学教授。——译者注]

② 普遍存在的就业不足不仅是二战过后的一种暂时现象，这一点在著名的 1960 年国民收入倍增计划的基本理由中是显而易见的，该计划恰恰是为了降低隐蔽性失业的程度。首相池田勇人（Ikeda Hayato）在 1960 年上任后，旋即宣布了收入倍增计划。该计划于 1960 年 12 月作为一项内阁决定得以具体化（Yasuba and Inoki 1989，第 18 页）。其主要目标是快速提高生活水平，实现充分就业。该计划想要在 1961 财年至 1966 财年实现平均每年 7.2%的收入增长。为了实现这一目标，优先发展领域包括：完善社会基础设施和产业结构，扩大贸易规模和国际经济合作，以及促进技术进步和人力资源开发（Kosai 1989，第 210～212 页）。[池田勇人（Hayato Ikeda，1899—1965），日本政治家，1960—1964 年任首相。他主张“重经轻政”，成功地实施了国民收入倍增计划，在任期间发起了消费者革命，成为日本经济起飞的基础和转折点。在其身后，1967 年日本提前完成翻番目标，实际国民收入增加了一倍，解决了内需不足和产能过剩问题。——译者注]

少是农业部门的两倍，这表明了对劳动力再配置的强有力的激励。① 在所有这些方面，当时的日本与当代的中国二者之间的相似之处均显而易见。

表 3－2　　储蓄率与投资率（%）（日中对比）

	日本		中国	
	储蓄率	投资率	储蓄率	投资率
1950	29.9	16.2		
1960	34.1	30.2		
1970	40.5	35.1		
1982			34.0	32.1
1990			38.0	35.2
2000			38.7	36.2
20 世纪 50 年代：前半段	27.5	20.1		
后半段	29.0	24.4		
20 世纪 60 年代：前半段	35.8	32.4		
后半段	37.0	32.4		
20 世纪 80 年代：前半段			34.5	33.2
后半段			35.9	37.5
20 世纪 90 年代：前半段			39.9	38.5
后半段			40.7	38.5

资料来源：Ohkawa，Takamatsu，and Yamamoto（1974，tables 1A，6A）；National Bureau of Statistics of China（2001，table 3－11）；IMF，*International Financial Statistics*.

注释：日本的储蓄和投资率是储蓄和投资与国民生产总值（GNP）的比率；中国的储蓄率和投资率是储蓄和投资与国内生产总值（GDP）的比率。中国的储蓄额是资本形成总额与经常账户净余额之和。1980 年代前半段的数字包括 1982 年至 1984 年的数据。

① 更确切地说，大川一司和亨利·罗索夫斯基（Ohkawa and Rosovsky 1973）指出，大型工业企业的工资水平是中小型企业工资的两倍，而广义的现代部门（小型企业和大型企业均属此类）的工资水平是农业部门普通工资的两倍。

但是，那时的日本和现在的中国两者之间也存在着重要的差异。79
在其高速增长阶段的起点，日本是一个相对发达的工业化经济体，表现为19世纪现代纺织工业的发展，以及之后在20世纪上半叶钢铁业和造船业的发展。与此相反，在1978年开始改革之时，中国缺少现代工业。1950年日本的人均国内生产总值，以1990年国际吉尔里一哈米斯元（1990 international Geary-Khamis dollars）表示为1 926国际元；而1978年中国的人均国内生产总值为979国际元。5年后，日中两国的可比数字分别是2 722国际元和1 265国际元。[①]

日本的技术转移体系也不一样。中国现在依赖外商直接投资(FDI)，与此不同的是，日本则是依靠获得许可和实施逆向工程(reverse engineering)。1950年后日本政府限制对内的外商直接投资达30年之久。马克·梅森（Mark Mason）及其他研究者认为，限制外国的跨国公司进入市场，使该国获取外国技术许可的努力易于取得成效。[②] 他们得出结论，相对发达的日本经济，连同与当今的状况相比，其先进技术较少默会成分这个特点一道，共同确保了这种技术转移方法的有效性。

日中两国劳动力市场的结构也有所不同。在20世纪50年代的日本，劳动力可以自由地从乡村迁入城市；选择自己的职业与居住地点的自由，是自明治时代之初起即受到保障的个人自由。与此相反，为了避免人口流动对公共秩序造成威胁，中国当局仍然运用官
方的工作许可或暂住证，试图管控农村人口向城市的迁移。这些措 80
施的有效性难以评价，因为非法的国内移民盛行。中日比较的含义也难以评价。一方面，中国现在拥有规模更其庞大的就业不充分的

① 依据麦迪逊（Maddison 2001，表C3—c）中的估算值。

② 梅森（Mason 1992）；香西泰（Kosai 1989）指出，限制对内的外商直接投资的一个理由，是担心这有可能妨碍国内的研究与开发。

农村劳动力储备，他们渴望在高工资的现代化部门中找到营生。另一方面，劳动力迁徙的自由较少。[①]

此外，那时日本的银行业与金融体系更为强健。日本的银行不受困扰着中国四大银行的不良贷款威胁的拖累。它们的贷款决策以商业动机为指导，尽管受到窗口指导（对各银行贷款额的增长进行定量限制，下文中详述）的制约。日本各银行的贷款费用可以自由调整（即使公布的贷款利率相对稳定，但各银行仍会调整要求其客户强制储蓄的数额）。在中国，各银行调整贷款利率的自由度较小，而且，无论如何，这样的利率对于软预算约束的贷款人和借款人来说，都不那么重要。

两国的货币调控既有相似之处，也存在差异。那时的日本比现在的中国拥有更为牢靠的银行业和金融体系。不过，考虑到货币调控的程度和日本中央银行（BOJ）倚重对信贷的管理，从某种意义上说，货币调控的机制根本没有什么不同。在 20 世纪 50 年代，日
81 本央行运用贴现率、对超额借款的贴现率附加费以及窗口指导，影响货币量和信贷额的增长。[②] 1959 年起，日本央行通过调整法定存款准备金，调节各银行的放贷能力。自 20 世纪 50 年代中期开始，

---

① 换言之，维持汇率低估的一个理由，就是要抵消另一项扭曲（农村就业不足），这样的扭曲致使现代化的出口导向部门内就业的社会收益，远远高于农村部门内就业的收益水平。参见杜利、福克茨兰多和加伯（Dooley，Folkerts-Landau，and Garber 2003）。也许有人会说，既然现在中国存在着更为严重的农村就业不足问题，中国就应当避免人民币进一步升值。然而，在另一方面，当中国官方与此同时唯恐社会混乱，正在试图限制国内移民之时，主张坚持低估的汇率以加速农村劳动力向现代化部门的转移这种观点，就是完全讲不通的了。

② 贴现率适用于日本央行向私营银行的贷款（票据的贴现和票据抵押贷款）。从 1946 年到 1963 年，日本央行对预先确定的央行贷款额度适用贴现率，对超过额度上限的贷款，则要收取较高的利率。通过改变额度上限的水平，日本央行可以影响银行的贷款行为。

日本央行也出售短期政府证券。特别是在日本政府于 1966 年恢复发行债券之后，日本央行买进和卖出债券。日本央行也购买私人票据（优等汇票或由银行随同优等汇票签发的作为担保的本票，于 1972 年开始推行）。

在当时的日本，实际上并不存在属于标准分类的公开市场操作，因为几乎没有富于流动性的债券市场。日本的中央银行对票据贴现和票据抵押贷款实行定量配给。央行先是在 20 世纪 50 年代对大型城市银行，接着在 60 年代，对长期信贷银行、大型区域性银行以及信托银行，给予窗口指导。日本央行运用了控制公司债券发行的多种多样的非正式工具。[①] 20 世纪 60 年代末，在出售政府债券时，日本央行按照特定的数额把这些债券分配给了银行。日本央行对道义劝告的这种依赖，类似于中国现行的惯例。中国的货币当局同样试图通过指导银行限制并调整其贷款，影响银行的贷款和信贷条件，以适应货币政策的目标。

诚然，在不同的市场上这些惯例的实施程度各异。同业拆借市场常常受到控制，尽管限制的强度随着时间的推移而有变化。在高速增长时代初期，“专家们包括官方在内，都认为短期拆借利率水平高得反常”，而且，因此，日本央行的道义劝告，或是由金融机

① 从 1949 年到 1956 年，日本央行通过审定可用作抵押品的债券资格来影响公司债券的发行。金融中介机构主要是银行，购买了大约 90%的公司债券，而且这些债券随即作为抵押品转给日本央行，以获得日本央行的贷款。当 20 世纪 50 年代中期货币条件变得宽松之时，各银行对日本央行贷款的依赖程度下降，而日本央行借助这一机制所掌握的实权不复存在了。发行前的资格审查取消之后，包括日本兴业银行和主要城市银行在内的八家主要银行，形成了非正式的安排，它们借此同日本央行一道，确定了公司债券发生的详细条件。这样，日本中央银行继续对公司债券的发行量施加相当大的影响（Japan Ministry of Finance 1991b，pp. 570－572；Association of Public and Corporate Bond Underwriters 1980，pp. 232－233，239）。

构对短期拆借利率自行强加的限制，被认为是必不可少的。[①] 然而，这些限制的覆盖范围有限，而且存在着使实际利率得以在一定程度上波动的漏洞。因此，“短期同业拆借利率就充当了反映整个金融市场状况的指标，尽管其功能是不完善的。”[②] 在二级市场上，政府担保的债券、金融债券和公司债券的收益率可以相对自由地波动，虽然它们在初级市场上的收益率被控制在人为压低的水平上。

最后，同今天的中国相比，那时日本政府对经济的介入不那么广泛。诚然，关于日本通商产业省的产业政策和大藏省的信贷分配政策，已有大量研究成果。日本政府想方设法把各种资源调配到工业发展上，设立复兴金融金库——该金库最后由日本开发银行（Japan Development Bank，JDB）接管，以及成立日本输出银行——后更名为日本输出入银行（Export-Import Bank of Japan，Ex-Im Bank）。这些公立的金融机构通过财政投资和贷款计划（Fiscal Investment and Loan Program，FILP）影响经济发展。财政投资和贷款计划由大藏省监管，用来通过邮政储备体系汇集政府部门的储蓄（以及公共养老金体系的资源），并把这些转给日本开发银行、输出入银行以及诸如住房贷款公司（Housing Loan Corporation）之类其他的公立金融

---

① 据日本大藏省（Japan Ministry of Finance 1991a，p. 87）。从 1948 年至 1957 年，在同业拆借市场上，日本央行“指导”市场参与者按照某一特定的隔夜利率进行交易。对同业拆借利率的这种实际上的规制于 1957 年被废除，但是，由金融机构自行强加的控制于两年之后得以采纳。自行强加的控制的有效性不尽如人意，交易采用的实际利率高于公布的利率。因而，日本央行于 1962 年再度开始“指导”短期拆借经纪人。到了 20 世纪 60 年代中期，这种控制逐渐向一种报价体系演变；在该体系下，短期拆借经纪人通过向日本央行咨询来决定报价（Japan Ministry of Finance 1991a，pp. 89，111，155－158）。

② 据日本大藏省（Japan Ministry of Finance 1991a，p. 313）。

机构。

与此相反，在窗口指导所设定的贷款上限之内，日本的商业银行对其贷款和投资保有起码的自治。[①] 在20世纪50年代和60年代的日本，不存在与当下中国的不良贷款相类似的难题。[②] 这表明，因非经济的理由而出现的信贷扩张不像今天的中国那么严重。尽管很难给出政策贷款在中国国有银行的资产组合中所占份额的确切数字，但是，公平而言，国有银行占主导地位的中国银行体系，把更多的资源用在了开发贷款方面，却并不总是能给银行的资产负债表和中国的经济发展带来积极的成效。

3.2 汇率政策

在二战结束后的近25年里，日本的外汇政策都是基于钉

---

① 对于这一点，存在一些争议。像三國陽夫和墨菲（Mikuni and Murphy 2002）这样的作者指出，在强大的道义劝告之下，这些银行最终把它们的贷款重点投入到了出口产业的资本形成方面。其他研究者，如堀内昭義（Horiuchi 1984），对于日本当局是否能以这种方式影响银行贷款的配置，抱有很大的怀疑。［三國陽夫（Akio Mikuni），生于1939年，日本投资银行家，毕业于东京大学法学部，曾供职于野村证券，创办了三国事务所；其著述涉及金融市场战略、日美经济关系和日本金融危机。R. 塔格特·墨菲（R. Taggart Murphy），毕业于美国哈佛大学，现为日本筑波大学经营科学大学院教授，曾是日本金融市场上活跃的投资银行家，担任过日本高盛公司资本市场集团副总裁；其主要研究领域为国际经济政治关系、国际金融市场和金融危机，研究专长是外汇汇率政策的政治背景和美日经济关系。堀内昭義（Akiyoshi Horiuchi），生于1943年，曾任东京大学教授、日本银行金融研究所顾问，其主要研究领域为金融理论与日本金融政策。——译者注］

② 对中国不良贷款规模的估计值为中国国内生产总值（GDP）的40%～50%。

住美元的汇率和严格的资本管制。日元汇率于1949年4月25日固定在每美元兑360日元的水平上，同时实施道奇计划(Dodge Line，在美国占领当局指导下执行的宏观经济稳定计划)。[①] 直到1971年布雷顿森林体系崩溃之前，日元汇率均保持稳定不变。

对于日本经济的增长尤其是出口的增长来说，汇率的稳定性一直被描绘为不可或缺的一环。[②] 无疑，在经济强劲上升的过程中，对进口商品的需求比出口商品的供给增长更加迅速，而且，出口商品的供给有一部分会被国内吸收挤出。因为在20世纪60年代中期以前，日本政府遵循了限制外汇储备积累的战略，以便能够把各种
84 资源投入到固定资产投资上，所以，不可能用外汇储备为上述情况所导致的经常账户的运转筹措资金。这意味着日本中央银行不得不加强对需求增长的抑制，限制对外账户的恶化，并捍卫钉住货币的汇率安排。对增长率的这一约束被称为“国际收支天花板

---

① 底特律银行总裁约瑟夫·M. 道奇 (Joseph M. Dodge) 被任命为美国驻日占领军总部的公使。有关道奇计划的详细内容，可参见中村隆英 (Nakamura 2003) 以及三和良一 (Miwa 2003)。[中村隆英 (Takafusa Nakamura)，生于1925年，日本经济学家，东京大学名誉教授，曾担任经济企划厅经济研究所所长。其主要研究领域为经济统计学和现代日本经济史。三和良一 (Ryoichi Miwa)，生于1935年，日本青山学院名誉教授，其主要研究领域为日本经济政策史。——译者注]

② 尾高煌之助 (Odaka 1989，第175～176页，依据笔者的译文) 在具有代表性的一个段落里写道：“不应忽视，直到1972年为止，坚决维持了360日元兑1美元的固定汇率，并且，这是出口扩张的后盾。”[尾高煌之助 (Konosuke Odaka)，日本经济学家，法政大学和一桥大学名誉教授，其主要研究领域为劳动经济学、日本经济、通商产业政策思想史、日本现代经济史和经济发展比较分析。——译者注]

(balance-of-payments ceiling)"。[①] 幸运的是，至少是在战后时期开始之后，这一约束只是在增长率很高的情况下才具有束缚作用。

这个看法导致评论者们追问，在这一历史时期，日元的币值是否被显著地低估了。大家的共识似乎是，在战后时期开始的时候，日元的币值被高估了，但随后在高速增长的岁月里，币值高估让位于币值低估。[②] 直到 1949 年 4 月日元钉住美元为止，关于适宜的日元汇率水平，在日本官员和盟军驻日最高统帅部（Supreme Commander of the Allied Powers，SCAP）经济科技部之间一直存在争论。盟军最高统帅部建议把日元汇率确定为 330 日元兑 1 美元，但日本官员在某种程度上是因为预计英镑和其他货币在不久之后即将对美元贬值，所以提出应把日元汇率定得更低一些。[③] 日本中央银行评论道，最后把汇率确定为 360 日元兑 1 美元，"考虑到黑市的物价，就实际价格水平而言，这一汇率被大大高估了。使日本经济适应这个新设定的汇率水平是一项挑战。"[④] 正如小宫隆太

---

① 作为参考，可参见中村隆英（Nakamura 1993，第 137 页及以下各页）。加德纳·阿克利和石弘光（Ackley and Ishi 1976）对这种现象做了分析。[加德纳·阿克利（Gardner Ackley，1915—1998），美国经济学家和外交官，曾担任密歇根大学政治经济学教授、美国经济学会会长，是约翰·F. 肯尼迪总统的经济顾问委员会会员和林登·B. 约翰逊总统的经济顾问委员会主席，并曾任美国驻意大利大使；其主要研究领域为宏观经济学，他主张政府采用财政和货币干预手段对经济运行进行精细调节，20 世纪 60 年代后期，他建议增税以应对越南战争和提高社会福利水平所增加的支出。石弘光（Hiromitsu Ishi），生于 1937 年，日本经济学家，一桥大学名誉教授，曾任政府税制调查会会长；其研究专长为财政学，尤其是赋税负担不公平问题。——译者注]

② 请注意这一看法与近来有关中国的讨论相似。

③ 日本大藏省（Japan Ministry of Finance 1976，pp. 430—431）；日本中央银行（Bank of Japan 1985，pp. 255—256）。

④ 日本中央银行（Bank of Japan 1985，p. 258，依据笔者的译文）。

郎（Ryutaro Komiya）所言，“和在既不限制进口亦无需扩大出口85 政策的条件下，对外账户达致平衡的均衡汇率水平相比，1949 年确定的 1 美元兑 360 日元的汇率被显著地高估了。”[1] 香西泰（Yutaka Kosai）在下述限定条件下同意这一看法，即只是在英镑贬值和通货膨胀随着朝鲜战争的爆发而加剧之后，日元汇率的高估才浮现出来。[2] 这些评论表明，低估的日元汇率从一开始就处于日本战后经济增长的中心位置，这种传统的观点至少存在些许不足之处。

最初，为了支撑日元，需要实行严格的外汇管制。人们一度认为日元币值被高估。但是，随着道奇计划实施后日本经济的复苏，尤其是贸易品部门生产力的迅速增长，日元汇率越来越被认定受到了低估。[3] 由政府引导的金属、机械和化工部门的产业合理化，带来了日本此前业已初具规模的那些产业生产成本的降低。此外，在 20 世纪 50 年代末，日本的出口竞争力因技术进步和结构变化而增强，在 60 年代表现得越来越突出；结构变化带来了诸如塑料制品、商用机器和汽车之类，此前没有大批量生产，或从未生产过的多种

---

① 小宫隆太郎（Komiya 1988，p. 160，依据笔者的译文）。［小宫隆太郎（Ryutaro Komiya），生于 1928 年，颇具国际影响的日本著名经济学家，曾任日本经济学会会长，为日本学士院会员和美国经济学会荣誉外籍会员。其主要研究领域为国际经济学、日本经济和中国经济。——译者注］

② 香西泰（Kosai 1989，p. 265）。［香西泰（Yutaka Kosai），生于 1933 年，曾供职于日本经济企划厅，曾任东京工业大学教授、内阁府经济社会综合研究所所长、第七届政府税制调查会会长、日本经济研究中心理事长。其主要研究领域为金融理论与政策、现代日本经济史。——译者注］

③ 除其他资料外，特别是可参见藤野正三郎（Fujino 1988）和香西泰（Kosai 1989）。［藤野正三郎（Shozaburo Fujino，1927—2012），日本经济学家，曾任一桥大学经济研究所所长、教授、荣誉教授，日本经济学会前身理论计量经济学会会长，其研究专长是日本景气循环理论与经验研究。——译者注］

新型出口产品的涌现。[①]

早在 20 世纪 50 年代末，篠原三代平（Miyohei Shinohara）就运用和 20 世纪 30 年代的比较，证明存在着日元币值的低估。[②] 虽然关于日元币值开始出现低估的准确时间存有争议，但是，截至 20 世纪 60 年代末，已有相当可观的证据支持这个假说。此时，日 86
本已经学会生产其工业扩张所必需的大量的资本品，而不是从国外进口。1965 年之后，日本的经常账户变为盈余，接下来，从 1968 年起，外汇储备额迅猛增长。评论家们曾提出过警告的“国际收支天花板”，即使是在猛烈扩张之时，似乎也不会再束缚经济增长了。[③]

为进一步分析这些问题，我们画出了 20 世纪 50 年代和 60 年代的名义有效汇率和实际有效汇率序列的图形。[④] 这些序列值是日本同 17 个主要贸易伙伴的双边名义汇率的贸易加权平均值，对这些贸易伙伴的出口额合计占日本出口总额的 40%～50%。关于日

---

① 关于这一点，参见小岛清（Kojima 1972）。[小岛清（Kiyoshi Kojima，1920—2010），一桥大学名誉教授，曾担任日本国际经济学会理事长，其主要研究领域为国际经济学。他根据 20 世纪 60 年代末日本对外直接投资的情况，提出了边际产业扩张论，认为对外直接投资与国际贸易是互补关系，而不是替代关系。他认为，要使对外直接投资促进对外贸易的发展，条件是对外直接投资应该从本国已经处于或即将处于比较劣势的产业依次进行。——译者注]

② 篠原三代平（Shinohara 1959，p. 24）。[篠原三代平（Miyohei Shinohara，1919—2012），日本经济学家，一桥大学和东京国际大学荣誉教授，曾任日本经济学会会长、景气循环学会会长、统计研究会会长、经济企划厅经济研究所所长等职，其主要研究领域为日本经济的经验研究、长期经济统计分析和景气循环理论。——译者注]

③ 加德纳·阿克利和石弘光（Ackley and Ishi 1976，p. 187）强调，1963—1964 年和 1966—1970 年这两个时间段内，在周期性的扩张过后，净出口没有表现出导致这一指标最终进入负值区域的急剧而持续的下降；而这两个时段是呈现这一新特点的最早的两个阶段。中村隆英（Nakamura 1993，p. 167）对这个现象的解释是，“在 360 日元兑 1 美元的汇率下，国际收支表的经常账户对经济增长不再构成约束了，因为日本的国际竞争力已经得到了足够的改善”（依据笔者的译文）。

④ 有关使用这些序列值作图的细节，可参阅本章最后面的附录。

87 元名义汇率的图 3－1 显示，仅仅聚焦于日元兑美元汇率，正如有关二战后那些年的讨论中的典型做法，低估了日元汇率的可变性。该图还显示出，在整个高速增长阶段，由于其他国家的货币相对于美元进而相对于日元贬值，日元的名义有效汇率表现为升值的趋势。①

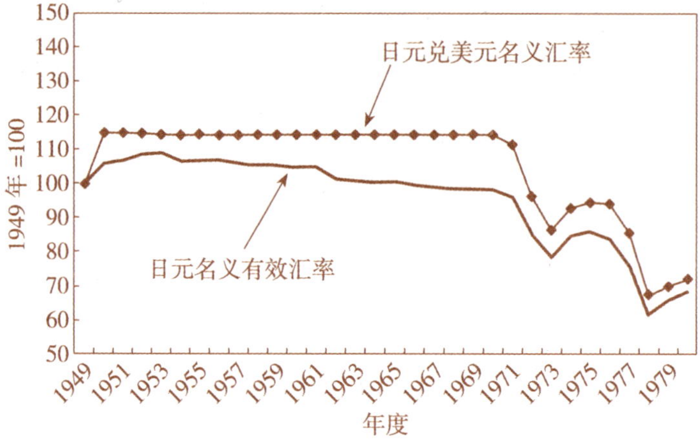

图 3－1　日元名义有效汇率（1949 **年**＝100）

资料来源：参见第 3 章数据附录。

图 3－2 绘出了日本的批发物价与换算成日元的其他国家批发物价之比（日元的实际汇率）。我们可以看到，大约在朝鲜战争那段时间，日元的实际汇率是怎样上升的，这与香西泰（Yutaka Kosai）所强调的是一致的。② 然后，从 20 世纪 50 年代中期一直到 60 年代晚期，日元的实际有效汇率下降了 3%，尽管日元兑美元的
88 双边实际汇率下降的幅度约为这一幅度的两倍。③ 这与日元币值出

① 诸如希腊和泰国于 1953 年，伊朗于 1957 年，菲律宾于 1962 年，印度于 1966 年，本币兑美元贬值。

② 香西泰（Kosai 1989）。

③ 这个差异可再一次用以下趋势来解释，即其他国家的货币相对于美元进而相对于日元贬值，由此降低了换算成日元的国外物价水平。

现了低估的假说相符，尽管实际有效汇率的变动要小一些。还请注意，虽然在 60 年代后半段，日本和美国的实际双边汇率继续走贬，但日元的实际有效汇率却并非如此。因此，图 3－2 表明，基于美国和日本的通货膨胀率进行的匡算，连同保持恒定不变的日美双边汇率，具有夸大日元币值变动趋势的倾向。

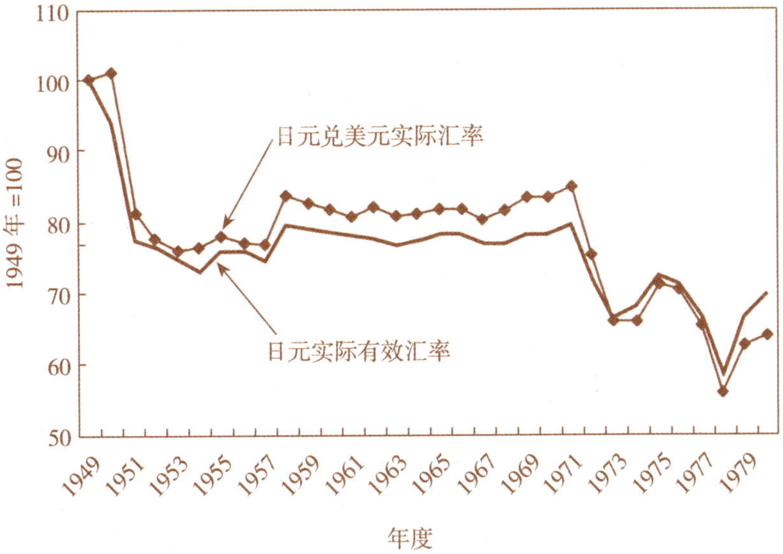

图 3－2　**日元实际有效汇率**（1949 **年**＝100）

资料来源：参见第 3 章数据附录。

也许有人会说，将汇率变动计算在内的批发物价之比低估了竞争力的变化，因为同质商品左右着批发物价，而这类商品的成本往往因套利活动而趋于均等。就日本而言，更好的比较方法是运用日本相对于其他工业化国家的出口单价，因为日本绝大多数的出口商品是差异化的工业制品，而在这些产品的市场上，发达国家是日本的主要竞争对手。图 3－3 证实，在整个高速增长时期，尤其是在 20 世纪 50 年代初期，日本出口价格的上升不像批发物价的上升那样迅速。

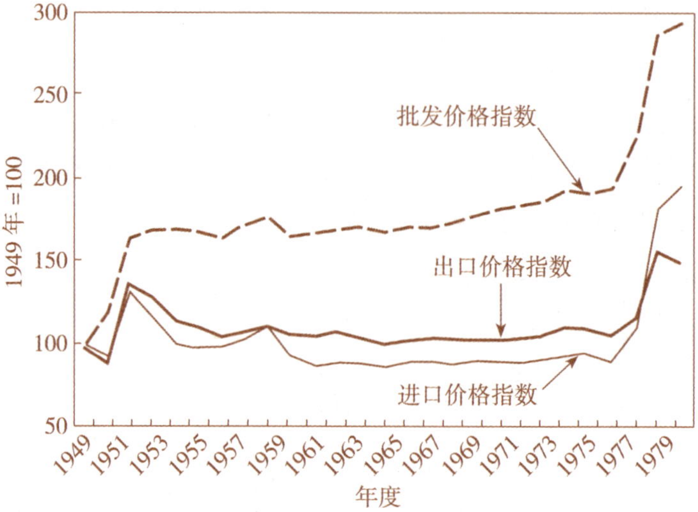

图 3—3　价格（1949 年=100）

资料来源：大川一司等人（Ohkawa et al. 1967）。

图 3—4 显示了自 1951 年起，日本出口单价与发达国家的对比。[①] 该图表明，正如篠原三代平（Miyohei Shinohara）所强调的那样，在 1950 年代的前半段，日本的国际竞争力获得了巨大的一次性的提高。[②] 此后，随着高速增长阶段的持续，日本的竞争力进一步增
90 强。1960 年至 1962 年期间，日本出口价格下降了 7%，这是由金属、机械和化工三个产业内产品价格双倍的下降带来的。那时，这三大

① 这里的数字摘自由日本中央银行（Bank of Japan）汇编的“统计数据比较（Comparative Statistics）”，遵循了联合国的《统计月报（*Monthly Bulletin of Statistics*）》的分类。联合国的“第一类经济体（Economic Class I）”包括美国、加拿大、比利时、卢森堡、法国、联邦德国、意大利、荷兰、奥地利、丹麦、挪威、葡萄牙、瑞典、瑞士、英国、芬兰、冰岛、爱尔兰、希腊、西班牙、土耳其、南斯拉夫、日本、澳大利亚、新西兰和南非。每个国家的数字均按各自国家的货币计值，反映的是出口价格的变化。图 3—4 中“发达国家”这一数据系列，是把各国的出口价格指数用相对于美元的名义汇率波动进行调整之后再加总得到的。

② 篠原三代平（Shinohara 1959）。

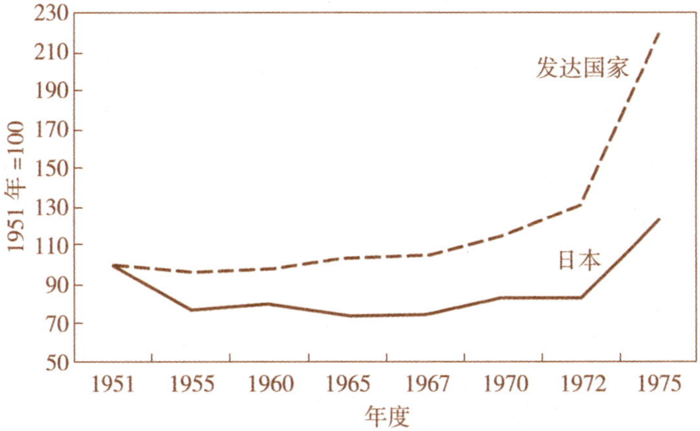

图 3－4　**出口单价**（1951 **年**＝100）

资料来源：中村隆英（Nakamura 1993，p. 214，table 61）。

产业一直是政府引导的产业合理化和现代化建设投资的目标所系。这段时间过后，日本出口商品的单价保持稳定，或在原材料价格上涨时期稍有上升，但是，由于国外通货膨胀的发展，而日本生产力的增长和技术变革更为迅速，日本的竞争力继续提升。总的来说，1951 年至 1967 年期间，相对于作为其竞争对手的工业化国家，日本的出口价格下降了 29%。这一切都表明，日元币值被持续地低估了。

3.3　退出钉住汇率

无论是高估还是低估，日本政府都把 360 日元兑 1 美元的钉住汇率视为“不可改变的条件”。[①] 1958 年德国经济部长路德维希·艾哈德（Ludwig Erhard）到访日本，当他提出，作为减少经济中的政府干预这一战略的组成部分，政府应当允许货币升值时，他的

① 香西泰（Kosai 1989，p. 287，依据笔者的译文）。

言辞引发了强烈的负面反应[1]。艾哈德发表有关日元升值言论的第二天，日本大藏大臣佐藤荣作（Sato Eisaku）[2] 即在新闻发布会上批评道："尽管经济部长艾哈德先生说，日本产品价格极其低廉的原因之一是日元的汇率水平，但是，现行的 1 美元兑 360 日元的汇
91 率并没有低估日元币值。假如日本调高日元汇率，日本的贸易行业会无法招架。"[3]

直到德国于 1971 年 5 月对马克实行浮动汇率时，日本对日元汇率的重新调整这个问题，仍然几乎没有多少系统的筹划。[4] 即使在那时，大藏大臣水田三喜男（Mikio Mizuta）仍继续强调："最

---

① 路德维希·威廉·艾哈德（Ludwig Wilhelm Erhard，1897—1977），德国政治家、经济学家、"社会市场经济之父"，是联邦德国新自由主义经济学派的理论家和实践家。他从 1949 年到 1963 年任德意志联邦共和国经济和劳动部长，从 1963 年到 1966 年任联邦总理。其代表作是 20 世纪 50 年代出版的《来自竞争的繁荣》一书。——译者注

② 佐藤荣作（Eisaku Sato，1901—1975），日本政治家，日本第 61 任、第 62 任和第 63 任首相（1964 年 11 月 9 日—1972 年 7 月 6 日），是二战后第十位首相。在池田勇人首相病退后，佐藤未经国会推选便登上首相宝座，连续执政时间长达七年八个月，创历届首相连任期限最长纪录；在任期内，日本经济高速增长，从美国手中取得冲绳管辖权，他还因提出无核三原则而获得 1974 年的诺贝尔和平奖。——译者注

③ 《日本经济新闻（*Nikkei Newspaper*）》，1985 年 10 月 29 日，依据笔者的译文。在新闻媒体上，艾哈德的评论被解读为暗指日本应当废除资本管制，日本的工资水平过低而且应当予以提高，1 美元兑 360 日元的汇率低估了日元币值，应当调高日元汇率，以及日本应扩大国内需求［例如，可参见星野直树（Hoshino 1958）］。［星野直树（Naoki Hoshino，1892—1978），日本大藏官僚、政治家、实业家、二战甲级战犯。他是日本军国主义战时财政政策的推行者，曾担任伪满洲国财政部总务司司长（1934 年）、财政部次长（1936 年）、国务院总务厅厅长（1936 年 12 月，事实上独揽伪满洲国的一切行政大权），1941—1944 年出任东条英机内阁的内阁书记官长。二战后，作为日本甲级战犯，他被远东国际军事法庭判处无期徒刑，后于 1958 年被释放。他著有《未竟之梦——满洲国外史》（东京钻石社 1963 年出版）。——译者注］

④ 日本中央银行（Bank of Japan 1986，p. 303）。安杰尔（Angel 1991，p. 272）的表达更为强烈，他写道："在大藏省内部绝对禁止人们对这一问题表示怀疑，而且，千方百计地阻止工商业界内部对这个问题的公开讨论。"

佳的政策选择是在固定汇率体制下实现经济稳定。”① 的确思考过日元升值可能性的少有的那几位经济学家和官员，往往会因为升值有损于出口、投资和信心，而不再予以考虑。② 对于改变汇率有可能给就业增长和制造业部门的安全造成负面影响的恐惧，致使一些评论者警告说，操弄汇率甚至会激发政治动荡。③

当然，因持久的经常账户盈余造成了与贸易伙伴国之间的紧张关系，资本的流入又增大了国内通货膨胀的压力，主张维持日元钉住美元的那些人，不得不提出应对持续的贸易顺差和处理这种通胀压力的替代办法。④ 最主要的建议是，放松外汇管制，降低贸易壁

---

① 在日本大藏省（Japan Ministry of Finance 1992，p. 374，依据笔者的译文）这部历史文献中被引用。[水田三喜男（Mikio Mizuta，1905—1976），日本政治家，毕业于京都帝国大学，在20世纪60年代和70年代初，数次出任池田勇人内阁和佐藤荣作内阁的大藏大臣，是二战后日本代表性的财政高官。他还是城西大学的创立者。——译者注]

② 外汇汇率政策论坛（Forum for Foreign Exchange Rate Policy）的成员是突出的例外。在其1971年7月10日发布的报告中，他们建议日元升值并改为爬行钉住汇率制。然而，该论坛的成员们建议限制日元每年升值2%～4%。这反映了人们对一步大幅升值的消极后果的普遍忧虑。

③ 日本中央银行（Bank of Japan 1986，p. 305）。也可参见高桥龟吉（Takahashi 1971）和速水優（Hayami 1982）。[速水優（Masaru Hayami，1925—2009），日本企业家、日本中央银行第28任总裁、国际清算银行（BIS）理事。在其日本银行的总裁任期内，速水優改变了日银长期以来附属于大藏省的地位。从1998年至2003年，速水優担任日本银行总裁，他促成通过的新《银行法》给予了日本银行前所未有的独立性：日本银行的唯一使命就是确保通货价值及其稳定，因而中央银行从利率政策到公开市场操作等所有政策，均由总裁、两名副总裁和6名审议委员构成的政策委员会定夺。这使财务省（原大藏省）失去了对日本银行进行业务干预的权力，以及对日本银行正副总裁的解任权。但是，速水優虽一向坚持稳定通货的鹰派货币政策理念，但由于适逢日本经济疲弱，却不得不执行与其经济学理念相违背的政策。在他领导下的日本银行采取了实行零利率和以政府债务货币化向市场注入流动性的激进措施。——译者注]

④ 尤其是与美国之间贸易紧张程度的上升，是20世纪70年代的日本和现在的中国两者之间另一个能够让人联想到的相似之处。

垒，以鼓励进口。高桥龟吉（Kamekichi Takahashi）强调进口自由化的必要性。[①] 日本政府通过有选择地取消外汇管制和进口配额，放松限制对外直接投资的规制措施，在事实上采取了这种政策选项。[②] 其他学者如下村治（Shimomura Osamu），则支持采用财政刺激手段，鼓励进口并实现经常账户的再平衡。[③] 还有一些人担心这个方案会加大通货膨胀的压力。如今回顾这些往事，不同寻常
92 之处在于，那时几乎没有关于采取下面这种措施的可能性的讨论，即用日元升值来抵消规模庞大的外贸盈余，同时在需求因净出口的下降而减小时，结合采用财政刺激手段，以维持经济增长。

在美国总统尼克松关闭黄金兑换窗口后的两周里，作为沿用旧政策的根深蒂固的属性所表现出来的症候，日本通过在外汇市场上实施干预，继续将日元钉住美元。从 1971 年 8 月 16 日，即尼克松做出决策的次日，到 8 月 27 日，日本央行和大藏省的外汇储备合计增加了近 50%。8 月 27 日后，日本央行不再按照原

---

① 高桥龟吉（Takahashi 1971）。［高桥龟吉（Kamekichi Takahashi，1891—1977），日本经济评论家、经济史研究者，曾就职于《东洋经济新报》，创立高桥经济研究所，担任拓殖大学教授、通产省顾问。——译者注］

② 发生于 1971 年 6 月。规制措施的放松包括在原则上对于对外直接投资实行自由化。对内外商直接投资自由化程度的提高也在付诸实施的政策之列，这反映着国外对日本自由化速度缓慢的批评（Japan Ministry of Finance 1992，pp. 368—370）。

③ 下村治（Shimomura 1971）。［下村治（Osamu Shimomura，1910—1989），日本经济学者、大藏官僚，亦曾担任日本银行政策委员会委员、日本经济研究会会长。他既受凯恩斯主义的影响，又有对二战后日本经济增长政策的独立思考，是 20 世纪 60 年代初期池田勇人内阁推出的"国民所得倍增计划"的幕后操盘者。他是二战后日本最具代表性的主流经济学家、构筑高度增长理论并使之体系化的"总设计师"。但在 1973 年石油危机之际，他提出了"零增长论"，引发争议。他著有《经济大国日本的选择》、《日本经济成长论》等书。——译者注］

来360日元的汇价购进美元。日元被允许升值，尽管日本央行仍在实施干预以减缓日元升值，由此累积了更多的外汇储备。当日元汇率达到308日元兑1美元，即日元兑美元的双边汇率升值16.9%时，日元币值再次被钉住。为阻止日元名义汇率进一步升值，日本央行降低了贴现率，并重启外汇市场干预。1971年12月以及1972年6月，日本央行两次降低贴现率，每次调降50个基点。

那时人们的预期是，日元升值会降低出口增长。此外，有人主张，放弃自20世纪40年代以来一直作为政策锚定点的美元平价，会对投资者的信心造成消极影响。[①] 这有可能造成公司推迟投资，逐渐耗尽存货。作为应对手段，日本通过了1971年4月至1972年3月期间的一项补充预算；而且，1972财政年度采取了更具扩张性的政策立场，相比前一财年，一般账户支出增加22%， 93
通过财政投资和贷款计划（FILP）进行的公共投资和贷款支出增加32%。

正如下文中所证明的那样，这些措施连同世界经济持续的强劲增长，是日本实现向新的汇率平稳调整的关键。经历一次停顿之后（根据日本经济企划厅公布的商业周期时间数据，日本经济于1971年12月走出低谷），1972年第1季度，日本实际国民生产总值（GNP）同比增长达10%以上。

当史密森协定于1973年初崩溃时，日元汇率再次被允许向上浮动，这一次达到了265日元兑1美元的水平。和提供给今日中国的忠告一样，日本的汇率浮动受到了严格的管理：直到1973年9

---

① 日本中央银行的回顾性分析指出，1971年夏，日本经济本来已开始从1969年后的衰退中复苏，但从当年8月的下半月起，由于所谓的“尼克松冲击”的影响，日本经济再度开始变得疲弱（Bank of Japan 1986，pp. 357—358）。

月，日元汇率被限定在 264 日元至 266 日元兑 1 美元的窄幅内。[①]

3.4 资本管制与远期市场

贯穿这一时期的始终，日本的外汇和资本管制继续保持。对用于经常账户交易的日元可兑换性的限制，到 20 世纪 60 年代一直保持运转良好。涉及进口的外汇交易，按规定需获得通商产业省（Ministry of International Trade and Industry，MITI）的许可。而所有用于其他目的的外汇交易，诸如涉及对内外商直接投资（FDI）的交易，则需获得大藏省的许可。资本账户交易基本上被禁止。直至 1963 年，经常账户余额和外汇储备额的变化保持步调一致，即反映着这些无处不在的资本账户管制措施。

94

自由化的第一步是 1960 年为日本侨民开设日元账户。接着，日本当局为履行《国际货币基金组织协定》第八条对会员国所规定的一般义务，于 1964 年 4 月取消了对经常账户交易的限制。对内的外国直接投资在 1968 年放开，但即使那样，对内投资也不是完全自由的：针对对内外国直接投资的重要限制到 70 年代依然保持。

1949 年的《外汇与外贸管制法》直到 1980 年仍在实施。该法规定，除非获得官方准许，否则禁止个人持有外汇。对于日本金融机构持有未轧平外汇头寸的资质，以及外国金融机构买卖在日本国内发行

① 小宫隆太郎和須田美矢子（Komiya and Suda 1983，p. 41）。这与戈德斯坦和拉迪（Goldstein and Lardy 2003）为中国提出的建议相似，注意到这一点非常有趣。戈德斯坦和拉迪建议中国采取两步法退出人民币钉住汇率，第一步是人民币兑美元汇率的一次性升值，第二步是过一段时间之后，过渡到管理浮动。［須田美矢子（Miyako Suda），日本经济学者，生于 1948 年，毕业于东京大学，曾任学习院大学经济学部教授、日本银行政策委员会委员，其主要研究领域为国际金融理论。——译者注］

的以日元计值的证券的资质，也存在种种限制。[1] 从1968年起，对未轧平外汇头寸的限制有所增补，随后大部分被外汇掉期限制（日元兑换限额）所代替。在日元兑换限额制度下，针对外币现汇净空头头寸，加上尚未偿付的对非居民的不受管制日元负债额之和，官方设定了上限。[2] 这项措施具有限制抛补套利交易活动的效果，致使远期汇率更为自由地变动，并使外汇投机买卖成本更加高昂。[3]

这类限制中有些措施在20世纪70年代初被收紧，当时日元币 95
值没有被钉住，这样做的目的是限制资本流入。1972年，针对不利于出口的一些进展加强了管制措施，对非居民日元储蓄的增长提高了存款准备金的要求，而且对非居民购买日本证券设定了限制。[4] 接着，1973年，日本经常账户余额逆转为赤字，这首先是因为日本经济的强劲扩张，其次是由于石油输出国组织（OPEC）带来的冲击。此时，日本废除了对资本流入的管制，而对资本流出的限制却有所强化。1977年，当日元变得坚挺时，对居民外汇存款的管制措施被废除，禁止居民购买短期外国证券的措施被取消，并且，为应对非居民日元储蓄的增加，开始实行50%的存款准备金要求。[5] 作为表征这类资本管制措施的管制程度的风向标，抛补利率平价（covered interest parity，按照即期和远期汇率差额调整后

---

① 在20世纪60年代中期，为阻止短期资本外流，经授权的银行可持有的未轧平外汇头寸的限额两度被调低（Japan Ministry of Finance 1992，pp. 192—193）。

② 日本大藏省（Japan Ministry of Finance 1992，p. 212）；深尾光洋（Fukao 1990，pp. 119—121）。[深尾光洋（Mitsuhiro Fukao），日本经济学者，生于1952年，毕业于京都大学和密歇根大学，庆应义塾大学商学部教授，亦供职于日本经济研究中心。其主要研究领域为国际金融理论和公司治理。——译者注]

③ 这类最高限额后来于1977年转变为对未轧平外汇头寸的限制，并于1984年被取消。

④ 深尾光洋（Fukao 1990，p. 24）。

⑤ 后来，在1978年，对非居民日元储蓄的存款准备金要求翻了一番，准备金率达到100%。

的美日利息差额）刚好是在 1980 年 12 月即放松管制那个时点之后，而不是在此之前，保持不变。①

远期外汇市场的发展既依赖放松外汇管制，也依赖投资于远期抵补（forward cover）的激励。② 布雷顿森林体系的崩溃激发了远期外汇市场交易量的增长。诚然，只有在度过短期的混乱之后，这类交易才能开始增加，因为随着日元汇率于 1971 年 8 月开始浮动，
96 市场暂时停止了运作。③ 外汇管制随之收紧，导致缺少套利机会，远期市场的交易活动进一步萎缩。此后市场于 10 月末重启。④ 但自那时起，远期外汇市场交易量剧增（见图 3－5）。显然，容量适当且流动性好的远期市场的发展，不仅依赖于严密管制的放松，还取决于回避汇率波动风险的动机，只有在过渡到更具弹性的汇率之后，才能形成这些条件。

转而面对有关当今中国的货币政策这一问题，认为更具弹性的人民币汇率制度不具有可行性的一些怀疑论者主张，包括资本账户在内的完全的货币可兑换性，实际上是更大汇率弹性的一个必不可
97 少的先决条件。其他一些人则提出，汇率浮动需要有一个容量大且

---

① 参见伊藤隆敏（Ito 1986）。[伊藤隆敏（Takatoshi Ito），日本经济学者，生于 1950 年，东京大学经济学教授，其主要领域为国际金融和宏观经济学。——译者注]

② 即使是在固定汇率制下，1959 年放松管制之后，银行间汇率和对客户的汇率也被允许在窄幅内波动。这在一定程度上鼓励了远期市场上的交易活动。1959 年 9 月之前，所谓的大藏省汇率，即经授权的外汇银行同大藏省交易采行的汇率，以及对客户的汇率，都是经由大藏大臣批准后固定下来的。管制的放松允许这些汇率在 360 日元兑 1 美元的平价上下各 0.5%的范围内波动（此后这一波动幅度于 1963 年扩大到平价上下各 0.75%）。与此同时，对日元兑美元的远期外汇汇率的规制被废除。（日元兑其他币种的远期汇率此前业已放松了管制。）小宫隆太郎和須田美矢子（Komiya and Suda 1983，p. 23）；日本大藏省（Japan Ministry of Finance 1992，pp. 42－44）。

③ 最初，各银行停止为其客户就远期汇率报价，而且，银行间市场的交易量急剧萎缩。

④ 小宫隆太郎和須田美矢子（Komiya and Suda 1983，pp. 22－23）。

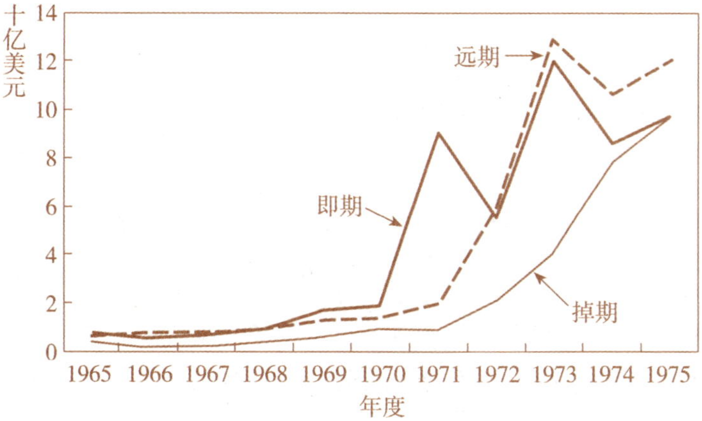

图 3—5　日本外汇交易额（1965—1975 年）

资料来源：《日本经济新闻》(Nikkei Newspaper)。

注释：日内交易额按照每年 12 月份的平均值计算。

流动性好的远期外汇市场，而且，在上海的银行间远期市场的发展取得重大的新进展之前，中国不应允许人民币的汇率更加自由地变动。日本的经验与这种观点并不一致。尽管在日元汇率浮动之前，种种管制措施已局部放松，但这些管制远远没有被取消。[①] 这段历史并未表明，在转向更具弹性的汇率之前，有必要完成资本项目的自由化并发展银行间远期市场。这段历史表明的是，尽管残存的资本管制措施仍在维持，但公司至少可以对部分风险暴露做套期保值。历史表明，远期市场流动性的发育，至少部分地内生于货币体制；更大的汇率弹性将有助于带来管理当局所希望的更大的交易量。而且，它表明，只要中央银行继续实施干预，以避免汇率水平发生骤然变化，防止汇率波幅飙升，现在中国的银行和企业，就会像 1973 年之后日本银行和企业一样，应该能够忍受汇率波动性进一步的增强。

① 的确，如上所述，在转向管理浮动之后，一些管制措施有所加强或者重新实施。能给人启发的是，深尾光洋（Fukao 1990）为其论文中的一个小节确定的题目是："从 1973 年到 1980 年：管理浮动同时管制资本流动"。

3.5 退出钉住汇率的影响

确定日本退出钉住汇率的影响，因这段时间内对日本经济造成
98 打击的其他干扰而变得复杂。到了 20 世纪 70 年代初，第二次世界大战后开始出现的高速增长时期行将结束；经历 20 年的出口和投资带动的迅速增长，日美之间的生产力差距绝大部分已经被填补。虽然日本的年均国内生产总值（GDP）增速从 1960 年至 1969 年的 12.1%，下降到 1970 年至 1973 年的 7.5%，并进一步下降为 1973 年至 1985 年的 3.8%，但是，把增速下降全部归咎于日元汇率体制的变化是错误的，因为随着赶超时期的终结，经济增长无论如何都会在一定程度上慢下来。此外，日本退出钉住汇率之后，世界经济的快速增长继续保持了两年时间，可以缓解这种变化对日本经济可能造成的一些破坏性影响。

正如前文中所强调过的，日本经济增长的引擎是出口和投资。因此，要确定日元汇率体制变化本身对增长的冲击，一种办法就是测算其对这两个变量的影响。图 3－6 并列画出了制造业部门的资本投资（以占 GDP 的份额表示）与实际有效汇率。朝鲜战争之后，实际汇率一旦下降，投资即开始迅猛增长；然后，投资在 20 世纪 70 年代初下降，这跟实际汇率的升值相吻合。制造业的利润（制造业当期利润在 GDP 中占比）在 50 年代初期之后上升，接着在 1971 年后降低，这一变化与这个机制的运作相一致。其原因涉及国际竞争力、制造业的盈利能力以及制造业部门的资本形成。

99 这一分析因为同时发生的其他事情而变得复杂，其中某些因素可能已经影响到实际汇率、盈利能力和投资水平。藤野正三郎（Fujino Shozaburo）和香西泰（Kosai Yutaka）所强调的 20 世纪

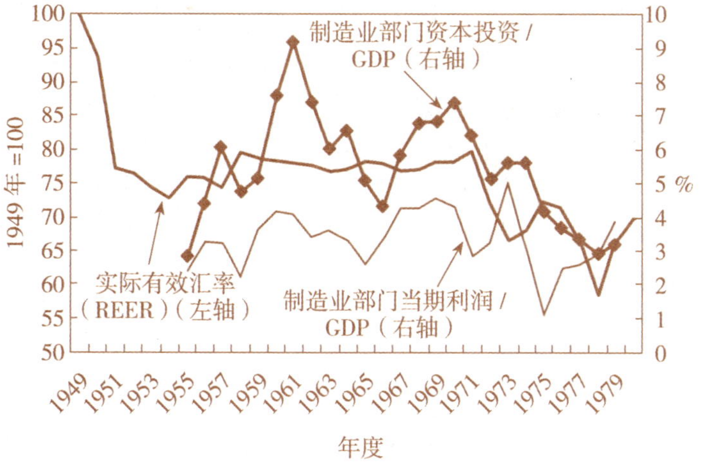

图 3－6　日元实际有效汇率（REER）与投资（1949 年＝100；%）

资料来源：Japan Ministry of Finance（1977）；Economic and Social Research Institute（未注明日期）。

注释：关于实际有效汇率（REER），请见数据附录。

50 年代的技术进步和产业合理化措施，恰恰是通过促进制造业的盈利能力和投资活动，而可能影响到了日本的经济增长。[①] 纵然汇率体制的变化造成了不利的冲击，但 1971 年至 1973 年世界经济的迅速增长以及日本当局采取的经济刺激政策，可能支撑了投资与盈利能力。

因此，对汇率与投资之间的关系需要做更为系统的分析。宫川 100
努（Tsutomu Miyagawa）和德井丞次（Toji Tokui）以前曾按这个思路做过一项研究[②]，他们用制造业的投资总额占资本存量的份额与实际汇率和一个控制向量（全球需求的代理变量、工资与资本

① 藤野正三郎（Fujino 1988）；香西泰（Kosai 1989）。

② 宫川努和德井丞次（Miyagawa and Tokui 1994）。

成本的比率以及中间投入品价格与资本成本的比率）做回归分析。[1] 他们证实，在 20 世纪 80 年代，实际有效汇率的升值（贬值）对日本的投资具有消极（积极）影响。[2] 这与其他一些研究的发现一致，这些研究均证实，相对于成本的变动，实际的升值降低了出口价格，挤压了盈利能力并阻碍了投资。

我们扩展了他们所做的分析，回溯至 20 世纪 50 年代，而且不只是考虑日元兑美元的双边汇率，而是考虑实际有效汇率。我们采用的估计方程形式如下：

$$i_t/k_{t-1}=\alpha+\beta reer_{t-1}+\gamma w_{t-1}/c_{t-1}+\delta d_{t-1}/k_{t-1} \quad \text{（式 3.1）}$$

其中，i 是制造业的实际资本投资额，k 是制造业的实际资本存量，$reer$ 是实际有效汇率，w 是制造业的实际工资，c 是资本使用者成本，而 d 是世界收入水平。

我们使用自变量的滞后值，假定存在时间累加的机制，而且以比率形式引入了工资和资本成本（与柯布－道格拉斯生产函数一致）。主要工业化国家的国内生产总值（GDP）d 是我们采用的全球经济条件的代理变量。遵循宫川努和德井丞次一书中的规范[3]，

---

① 宫川努和德井丞次（Miyagawa and Tokui 1994）使用了由 J.P. 摩根公司（J.P. Morgan）提供的有效汇率。［宫川努（Tsutomu Miyagawa），日本经济学者，生于 1956 年，毕业于东京大学，现任学习院大学经济学部教授，曾供职于日本开发银行和一桥大学；其主要研究领域为国际宏观经济学和日本经济，著有《日本经济的生产性革新》等书。德井丞次（Toji Tokui），日本经济学者，信州大学经济学部教授，其主要研究领域为劳动投入指数、技术进步。——译者注］

② 另外的结果是全球需求对投资具有正效应，中间投入品价格与资本成本的比率上升具有负效应（犹如在生产过程中资本和中间投入品是互补的），而工资与资本成本的比率增大具有正效应（就像劳动和资本是替代关系）。宫川努和德井丞次（Miyagawa and Tokui 1994）假设贸易产业处于垄断竞争状态，在这种情况下，本币升值导致竞争力变差，因而造成本国产业在全球市场中的份额下降。

③ 宫川努和德井丞次（Miyagawa and Tokui 1994）。

用资本存量将该代理变量正规化。所有变量都是年度数据，而样本期间为 1955 年至 1973 年。[①]

用水平值来估计这种关系遇到的一个问题是，许多宏观经济时间序列具有单位根。ADF 检验（Augmented Dickey-Fuller Test，增项迪基一富勒单位根检验）证实，实际汇率和要素价格比率具有单位根。相反，对于投资率和用资本存量正规化处理后的世界收入而言，在 1%的水平上可拒绝单位根假设。[②] 这样运用一阶差分估计这种关系就会带来过度差分的问题。

因此，我们既用水平值又用差分来估计这个方程。表 3－3 列出了结果。当用水平值来估计这种关系时，实际有效汇率的影响显著，其系数为正，表明升值对制造业的投资具有负面的影响。[③] 实际工资与资本使用者成本之比显著，系数符号为正，这表明，在其他条件不变的情况下，相对要素价格的变化引起资本与劳动力之间的替代。[④] 世界收入亦显著，系数符号为正，证实世界收入水平的提高预计对投资具有正效应。使用差分数据得到的结果列在该表第二组，与上述发现一致。

在高速增长时期汇率对出口的影响，是上述研究中关注的一个重要问题。在表 3－4 中，我们估计了如中村隆英（Nakamura Takafusa）所确定的一个出口函数[⑤]：

$$ex_t = \alpha + \beta reer_t + \gamma d_t \qquad （式 3.2）$$

① 每个变量都变换为指数形式，1955 年的水平为 100。然后，所有数据序列均以对数值表示。

② 使用广义最小二乘法去除趋势的迪基一富勒检验（Dickey-Fuller-GLS test）被认为在小样本中的检验效力更强，利用这一检验方法得出了同样的结果。

③ 请注意，实际有效汇率在这里被定义为每单位外币兑日元的数量。

④ 正如宫川努和德井丞次（Miyagawa and Tokui 1994）的发现。

⑤ 中村隆英（Nakamura 1993）。

表 3－3　　**日本投资的决定因素**

年度数据					
估计方程：$i_t/k_{t-1}=\alpha+\beta reer_{t-1}+\gamma w_{t-1}/c_{t-1}+\delta d_{t-1}/k_{t-1}$					
圆括号内的数字为 t－统计值。					
水平值					
常数项	实际有效汇率	实际工资/资本使用者成本	世界收入	调整后 R^2	DW 统计值
－28.63	6.13	0.61	0.62	0.50	1.14
(－2.20)*	(2.46)*	(1.99)*	(2.35)*		
差分					
常数项	实际有效汇率	实际工资/资本使用者成本	世界收入	调整后 R^2	DW 统计值
－0.05	3.14	0.86	1.22	0.21	1.32
(0.60)*	(1.88)*	(2.50)*	(2.04)*		

资料来源：参见第 3 章的数据附录。

** 表示在 1%的水平上显著，* 表示在 5%的水平上显著。

注释：1. 资本使用者成本按下式计算：$r=P_c*(i-\pi+d)/P_w$

其中 r 为资本使用成本，P_c 为资本品（1952—1960）或投资品（1960—1971）的价值指数，P_w 为批发价格指数（WPI），i 为银行贷款利率（每年 12 月份银行贷款利率的平均值），π 为 WPI 变动的百分比，d 为贬值率。

2. 关于实际有效汇率构建的细节，可参见第 3 章的数据附录。

3. 1995 年第 1 季度的资本投资额假定与第 2 季度至第 4 季度的资本投资额平均值一致。1952 年末的资本存量假定与 1953 年 3 月末的水平相等。

4. 实际工资为制造业部门每名正式职员运用 WPI 去除通货膨胀影响后的全部现金收入。

5. 世界收入为 11 个国家实际 GDP 的加总额（参见第 3 章的数据附录）。

6. 遵循宫川努和德井丞次（Miyagawa and Tolui 1994）的方法，世界收入用资本存量予以正规化处理。

表 3—4　　　　**日本出口的决定因素**

年度数据 估计方程：$ex_t = \alpha + \beta reer_t + \gamma d_t$ 圆括号内的数字为 t—统计值。 水平值				
常数项	实际有效汇率	世界收入	调整后 R^2	DW 统计值
−13.45 (−9.65)**	0.89 (3.12)**	3.05 (72.32)**	0.99	1.19
差分				
常数项	实际有效汇率	世界收入	调整后 R^2	DW 统计值
−0.04 (0.85)	1.04 (3.13)**	2.27 (2.23)*	0.35	2.08

资料来源：Japan Ministry of Finance，*Financial Statements and Statistics of Corporations*（《法人企业统计》），各期；IMF，*International Financial Statistics*，各期；*Direction of Trade Statistics*，各期；Maddison (2001)；Mitchell (1998a，1998b，1998c)；Japan Ministry of Trade and Industry，*Annual Report of the Foreign Trade of Japan*（《日本贸易年表》），各期；Bank of Japan (1986)；Bank of Japan (1987)，*Hundred-Year Statistics of Wholesale Prices in Japan*.

** 表示在 1%的水平上显著；* 表示在 5%的水平上显著。

注释：1. 出口额运用基于长期经济统计（LTES）数据（1953—1959）或批发价格指数（WPI，1960—1971）的出口价格指数扣除了通货膨胀的影响。

2. 关于构建实际有效汇率的细节，可参见数据附录。

3. 世界收入是 11 个国家实际 GDP 的加总额（参见数据附录）。

其中，*ex* 为实际出口额，*reer* 为实际有效汇率，*d* 是世界收入， 106
而 α，β 和 γ 是有待估计的参数。

在 1955 年至 1973 年的样本期间上，再次用年度数据做估计，结果列在表 3—5 中。[①] 考虑到我们无法拒绝在所有序列中存在单

① 在进行估计之前，所有序列再次转换为对数值。

位根的零假设，这里使用差分数据来做估计更为可靠。[①] 实际有效汇率的系数显著为正，证实日元升值对日本的出口具有负面影响。全球收入的系数显著为正，又和先前的研究结论吻合。

表 3—5　　**长期传递（季度数据）**

	(1)	(2)	(3)	(4)
名义有效汇率（ln）	0.142	0.142	0.136	0.137
	(0.030)***	(0.030)***	(0.028)***	(0.029)***
加权国外价格水平	0.354	0.354	0.555	0.555
(ln)	(0.048)***	(0.048)***	(0.064)***	(0.064)***
石油价格（ln）	0.114	0.114	0.061	0.061
	(0.013)***	(0.014)***	(0.017)***	(0.017)***
国内生产总值 GDP	0.067	0.067	0.160	0.161
(ln)	(0.006)***	(0.006)***	(0.022)***	(0.022)***
季节性哑元变量	否	是	否	是
趋势	否	否	是	是
观察值	136	136	136	136
R^2	0.99	0.99	0.99	0.99

资料来源：IMF，*International Financial Statistics*，各期；*Direction of Trade Statistics*，各期；Maddison（2001）；Mitchell（1998a，1998b）；Japan Ministry of Trade and Industry，*Annual Report of the Foreign Trade of Japan*（《日本贸易年表》），各期；Bank of Japan，*Hundred-Year Statistics of Wholesale Prices in Japan*；Yamazawa and Yamamoto（1978）.

* 在 10%的水平上显著；** 在 5%的水平上显著；*** 在 1%的水平上显著。

注释：圆括号内为标准误差值。

考虑到 20 世纪 70 年代后日元名义汇率的调整，模拟退出钉住

① 既进行了增项迪基一富勒检验，也进行了使用广义最小二乘法去除趋势的迪基一富勒检验。

汇率对日本投资和出口所造成的影响，需要估计日元实际汇率变化的程度。因为将实际汇率对名义汇率做回归，会把名义汇率同时放到方程式等号的两边，所以，我们代之以估计汇率传递方程式，就批发价格指数（WPI）对名义有效汇率、国外批发价格指数和有关的控制变量做回归。因为实际汇率是用名义汇率调整后的国内价格与国外价格的比率，回归分析的结果可用来估计名义升值对实际汇率的影响（并由此估计对诸如投资额和出口额这样的实际变量的影响）。

这种长期关系的表达式如下：

$$wpi_t^{JP}=\beta_0 e_t+\beta_1 wpi_t^{For}+\Omega X+\varepsilon_t \qquad (式 3.3)$$

其中，wpi^{JP}和wpi^{For}分别是日本批发价格指数的对数值和外国批 108
发价格指数加权平均值的对数值，e是名义有效汇率（日元兑每单位外币）的对数值，而X是控制变量的向量（控制变量包括：季度性哑元变量、线性时间趋势变量、实际 GDP 和石油价格的自然对数值，油价在 20 世纪 70 年代和 80 年代日本的物价趋势上影响作用十分突出）。①

使用 1957 年至 1990 年的季度数据对这个方程式做了估计。表 3－5 中的传递系数介于 0.1～0.2 之间。运用后来一个时间段内的数据，何塞·曼纽尔·坎帕（José Manuel Campa）和琳达·S. 戈德堡（Linda S. Goldberg）得到了日本的长期传递系数为 0.8，但

① 请注意，这只是估计这种关系的多种方程式中的一种而已。例如，其他形式有把汇率放在等式左侧，把国内价格放在等式右边，并试图用这样的等式来追踪汇率的波动。因为在这一时期，汇率受到严格的管理，而国内批发价格是自由变动的，所以，把汇率作为外生变量，把国内价格作为内生变量，这样处理更有意义。而且，假定日本因经济规模太小，其通货膨胀不足以显著地影响世界其他经济体作为一个总体的通货膨胀水平，这是合理的。

他们考虑的是进口价格而不是批发价格。[①] 批发价格变动幅度可能较小，因为其中包括了较少受到汇率变动影响的很大一部分商品的国内价格。使用相对的批发价格来估计对诸如美国这样的其他大型经济体的传递系数，也得到了大约为 0.2 的估计值。

一个潜在的问题是，不可能拒绝因变量和自变量存在单位根的假设（见表 3—6）。然而，如果各序列之间存在协整关系，这些结果就将是一致的。因此，检验残差是否存在单位根是合适的。表3—7中的检验结果表明，可以拒绝存在单位根的零假设。

表 3—6　**单位根检验（广义迪基—富勒检验，所有变量取对数）**

变量		无趋势项	有趋势项
日本批发价格指数	水平值	0.108	−15.40
	一阶差分	−3.744***	−4.211***
名义有效汇率	水平值	0.972	0.568
	一阶差分	−5.332***	−5.209***
外国价格水平加权值	水平值	0.578	−1.621
	一阶差分	−2.616***	−2.980***
石油价格	水平值	0.312	−1.482
	一阶差分	−5.002***	−4.900***
GDP	水平值	0.090	−0.522
	一阶差分	−1.019	−3.935***

*，**，*** 分别表示可在 10%，5%和 1%的水平上拒绝单位根假设。

注释：所有检验都包括一个常数项和四个滞后项。

下一步是估计短期关系，这将使我们可以更为精确地概括调整
110 动力机制的特征。使用前述回归得到的残差，记作 u_t，作为以下

① 坎帕和戈德堡（Campa and Goldberg 2002）。

用来捕捉短期动态的方程式中的误差修正项：

$$\Delta wpi_t^{JP}=\sum_{i=1}^{3}\gamma_{t-1}^{0}\Delta wpi_{t-1}^{JP}+\sum_{i=0}^{3}\gamma_{t-1}^{1}\Delta e_{t-1}+\sum_{i=0}^{3}\gamma_{t-1}^{2}\Delta wpi_{t-1}^{For}+\hat{\rho\mu}_{t-1}+\Omega'\Delta X+\zeta_t \quad \text{（式 3.4）}$$

表 3－7　　**单位根检验（广义迪基—富勒检验）**

	无趋势项	有趋势项
方程式 1	－1.653	－3.086**
方程式 2	－1.706	－3.115**
方程式 3	－1.692	－2.875*
方程式 4	－1.741	－2.899*

资料来源：出口部门的投入品价格是运用 1974 年和 1975 年出口依赖度超过 20%的下述行业的投入品价格指数计算的：精密仪器、交通运输设备、钢铁、通用设备和纺织。这些部门的投入品价格指数是使用其在 1970 年投入品价格指数中的权重加总求得的。所用资料是 Bank of Japan，*Price Indexes Annual*，各期。

*，**，*** 分别表示可在 10%，5%和 1%的水平上拒绝单位根假设。

注释：所有检验都包括一个常数项和一个滞后项。

解此方程，求出名义汇率升值对国内价格的长期效应（长期传递），我们得到：

$$\phi=\frac{\sum_{i=0}^{3}\gamma_{t-1}^{1}}{1-\sum_{i=1}^{3}\gamma_{t-1}^{0}} \quad \text{（式 3.5）}$$

表 3－8 中提供了估计结果。现在长期的传递甚至比以前还要小了。然而，点估计值因包含了在统计上无法区别于零的 γ^0 和 γ^1 系数而充满噪声。为了对此进行校正，我们排除了在 10% 的水平上不显著的 γ 系数，重新计算了 ϕ。表 3－8 中也报告了以这种方式得出的传递系数（ϕ'）。现在结果对于不同的模型设定更加稳定，表明长期传递系数为 0.25。

表 3-8　　**传递的动力机制**

	(1)	(2)	(3)	(4)
Δp_{t-1}	0.633	0.651	0.631	0.649
	(0.092)***	(0.093)***	(0.095)***	(0.096)***
Δp_{t-2}	−0.101	−0.119	−0.122	−0.140
	(0.108)	(0.111)	(0.112)	(0.114)
Δp_{t-3}	0.025	0.036	0.013	0.023
	(0.095)	(0.096)	(0.098)	(0.099)
Δe_t	0.091	0.089	0.087	0.085
	(0.027)***	(0.027)***	(0.027)***	(0.028)***
Δe_{t-1}	−0.007	−0.004	−0.006	−0.003
	(0.031)	(0.031)	(0.032)	(0.032)
Δe_{t-2}	−0.016	−0.022	−0.01	−0.016
	(0.031)	(0.031)	(0.031)	(0.031)
Δe_{t-3}	−0.038	−0.033	−0.031	−0.026
	(0.030)	(0.030)	(0.030)	(0.031)
Δp_t^*	0.283	0.267	0.275	0.259
	(0.098)***	(0.099)***	(0.100)***	(0.101)***
Δp_{t-1}^*	−0.058	−0.032	−0.089	−0.063
	(0.109)	(0.111)	(0.113)	(0.114)
Δp_{t-2}^*	0.219	0.200	0.203	0.184
	(0.108)**	(0.109)*	(0.111)*	(0.112)
Δp_{t-3}^*	−0.101	−0.098	−0.125	−0.121
	(0.092)	(0.093)	(0.094)	(0.096)
Δoil_t	0.030	0.030	0.028	0.027
	(0.009)***	(0.009)***	(0.009)***	(0.009)***
Δoil_{t-1}	−0.021	−0.021	−0.014	−0.015
	(0.009)**	(0.010)**	(0.009)	(0.009)***
Δoil_{t-2}	−0.015	−0.013	−0.011	−0.009
	(0.011)	(0.011)	(0.011)	(0.011)
Δoil_{t-3}	0.000	−0.001	0.005	0.004
	(0.010)	(0.010)	(0.010)	(0.010)
Δgdp_t	0.003	0.001	0.023	0.021
	(0.059)	(0.059)	(0.064)	(0.065)
Δgdp_{t-1}	0.090	0.094	0.107	0.11
	(0.056)	(0.057)	(0.062)*	(0.062)*
Δgdp_{t-2}	−0.000	−0.008	0.006	−0.002
	(0.059)	(0.059)	(0.063)	(0.063)
Δgdp_{t-3}	0.033	0.036	0.033	0.036
	(0.054)	(0.054)	(0.058)	(0.059)
$\hat{\mu}_{t-1}$	−0.153	−0.154	−0.13	−0.130
	(0.039)***	(0.039)***	(0.039)***	(0.039)***
φ	0.069	0.068	0.085	0.084
	(0.106)	(0.109)	(0.100)	(0.103)
φ'	0.249	0.256	0.237	0.243
	(0.102)**	(0.109)**	(0.101)**	(0.108)**
季节性哑元变量	否	是	否	是
趋势	否	否	是	是
观察值	132	132	132	132
R^2	0.75	0.75	0.74	0.74

* 在 10%的水平上显著；** 在 5%的水平上显著；*** 在 1%的水平上显著。

注释：季度数据，圆括号内为标准误差值。

人们可能会担心，这些结果或许受到了 1971 年之前那段时期的过度影响，那时日元汇率钉住美元。既然在这段时期里日元的名义美元汇率的变化为零，从实际意义来讲，从汇率到价格的传递就将是零。[①] 可采用两种方法处理这个问题。第一，将样本期间限定于废除钉住汇率之后的时期。结果是，名义汇率的系数与之前的大致相等，这表明衰减问题并不严重。[②] 第二，为了与名义汇率项相互作用，为浮动汇率时期创造一个哑元变量；把该向量增加到解释变量之中。这一结果为以下假设提供了一个直接的检验，即传递情况随着从钉住汇率变为浮动汇率而发生了改变。长期回归的表达式现在变为：

$$wpi_t^{JP} = \beta_0 e_t + \theta_0 e_t * D^{PEG} + \beta_1 wpi_t^{For} + \Omega X + \tilde{\varepsilon}_t \quad (\text{式 } 3.6)$$

其中，汇率传递现在是由 $\varphi'' = \beta_0 + \theta_0$ 给出的。结果证实，在浮动汇率时期，汇率传递程度大大提高。[③] 但是，附加的效应却较小；这对上文中所估计的整个样本期上的长期传递水平几乎没有什么影响。

不妨回忆一下，在 1971 年第 2 季度和 1971 年第 4 季度之间，名义有效汇率升值 11.0%的情形。设传递系数为 1/4，由此引致的实际汇率的升值是这一升值幅度的 3/4，或 8.3%。这接近于 1971 年和 1972 年间实际有效汇率的实际升值幅度（见图 3－2）。[④] 在 1971 年第 1 季度和 1973 年第 1 季度之间，名义有效汇率上升了

---

① 请注意，在 1971 年前的时期里，名义有效汇率在一定程度上存在波动（有关详细情况，可参见关于汇率政策的那一小节以及图 3－1）。

② 起源于卢卡斯批判的观点认为，我们或许有望在后一个时期内发现更高的传递系数，因为浮动汇率使行为主体更加能够意识到汇率波动的可能性。实际上，这看起来却不是这个样子。

③ 在方程式中也包括一个常数项时。

④ 按年度平均值来衡量的实际升值幅度为 9.5%。

26.2%。这一幅度的 3/4 是 19.7%。这再次接近于在这一时期观察到的现实中的实际汇率升值幅度。我们因此把 8.3%的实际升值幅度作为短期影响，而把 19.7%作为退出钉住汇率的长期影响。

114 现在我们能够计算名义有效汇率的变化对出口和投资的影响了。利用表 3－3 和表 3－4 中根据一阶差分数据估计的系数可知，出口在短期内（1971 年至 1972 年）下降了 8.6%，在长期内（1971 年至 1973 年）下降了 20.4%。对投资的影响更大：在 1971 年至 1972 年间，由于实际汇率升值 8.3%，投资水平下降了 11.1%。长期影响是这一幅度的 4 倍。

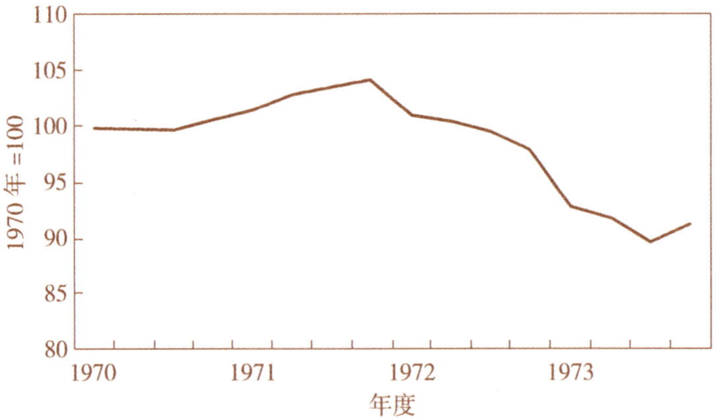

图 3－7　日本出口价格指数/出口部门投入品价格指数

资料来源：参见第 3 章的数据附录。

对出口和投资带来的结果彼此是一致的。图 3－7 表明，日本企业对汇率短期变动的反应是削减盈利：它们并没有以同样的幅度提高价格，这意味着企业吸收了绝大部分的冲击。[1] 在1971年和1972年，日本出口商品的价格并没有像消费物价和批发价格那么 115
快速地提高。反过来，盈利的下降对投资带来了强烈的负面冲击，造成了始于1973年的经济衰退。

那么，在1972年和1973年，我们为什么观察不到日本的出口、投资和经济增长急剧减速呢？这样的结果表明，日元升值对出口的紧缩性冲击被世界收入的迅速增长抵消了。在这两年里，世界收入累计上升了12%。这阐明了在全球需求状况好时，退出钉住汇率具备有利条件（这是钉住货币的汇率制度退出策略相关文献最重要的一条结论）。[2] 20世纪70年代的日本似乎就是一个最佳的例子。

日本的投资需求以及更一般意义上的需求，是由扩张性的财政政策维持的。如前文中所强调的，日本政府迅速提交了补充预算案，并将第二年的经常性支出提高了20%以上。尽管外部需求的增长因实际汇率的升值而有所缩减，但这一刺激政策维系了国内需求。请注意，这些恰恰是人们对于维系中国的经济增长，同时允许

---

① 在1971年和1972年，日本的出口批发价格下降了3.2%，而批发价格上升了1.6%，与这一区别相吻合——而且符合以下看法，即日本出口商通过削减盈利并由此维持出口份额，吸收了汇率冲击。显然各部门的这一反应是有差异的。1972年的《经济白皮书》讨论了日元升值对出口商竞争力以及出口部门的定价行为的影响，具体内容如下（Economic Planning Agency 1972，pp. 70－71，依据笔者的译文）：

看一下从（1971年8月）转变为浮动汇率体制到今年（1972年）3月，这段时期内出口价格（以外币计价）和出口额的变化，电气机械和交通运输设备的出口总额增加了，哪怕（以外币计值的）价格提高到足以抵消日元升值影响的程度，体现了强大的竞争力。在钢铁和纺织行业，为了部分吸收升值的影响，提高了出口价格（以外币计值），结果出口总额下降了……某些产业在全球市场中的竞争力弱，诸如化工和食品工业，则被迫保持出口价格（以外币计值）不变，以维持出口额。

② 参见艾肯格林和马森等人（Eichengreen and Masson et al. 1998）。

人民币实际汇率上升，所提出的那类国内政策调整手段。[1]

此外，为了限制日元升值，日本中央银行采用了很大力度的货币刺激措施。实际利率急剧下降：尽管1973年批发价格指数
116 (WPI)上涨了15%，但名义银行贷款利率只上升了1%。这些扩张性的货币政策并非毫无代价。由于日本当局为阻止日元进一步升值而增大了货币供应量，通货膨胀水平升高，这让人们忧心忡忡。以消费物价指数（CPI）衡量的通胀水平，从1972年的5%上升到1973年的12%，接着在1974年达到23%，此时石油冲击来袭。[2]在那一刻，日本当局被迫踩下刹车，使经济陷入了一场严重的衰退。回顾过去，我们看到，更好的方针应是实行允许日元继续兑美元升值的紧缩性稍强的货币政策，由此造成的对总需求的影响，则由附加的扩张性财政政策来予以缓解。

3.6 结论

对20世纪70年代日本汇率政策的这一分析，揭示了与今日中国的许多类似之处。就像现在的中国一样，那时的日本在日元汇率以富于竞争力的水平钉住美元的基础上，已经经历了超过十年的快速的出口导向型增长。如同现在中国的政策制定者们一样，那时日本的决策者们不愿尽弃前功。尽管有持续的对外盈余，而且驾驭国内经济日益变得困难重重，但他们不愿退出钉住美元的汇率安排。正如现在中国的官员们一样，那时的日本官员们发出警告，若日元

---

① 布兰查德和贾瓦齐（Blanchard and Giavazzi 2005）。

② 日本国内生产总值平减指数（GDP deflator）所包含的能源价格的权重较低。该指数从1972年的6%上升到1973年的13%和1974年的21%。

大幅升值，日本的产业就会无法存活下去了。他们担忧，缺乏容量大且流动性好的外汇远期和期货市场，这限制了银行和企业对外汇 117
风险暴露进行套期保值的能力，从而使浮动汇率制具有潜在的不稳定性。

当日元升值最终到来之时，并没有出现明显的不稳定的迹象。净出口的下滑被全球需求的增长抵消。投资需求和国内需求在总体上得到了慷慨的财政刺激政策的支撑。通过严格管理汇率浮动，日本当局限制了汇率的波动性，这实际上提供了银行和企业所需要的套期保值服务，并把远期市场流动性有限和保留资本管制措施的影响降到最低限度。

关于 20 世纪 70 年代日本汇率制度改革经验的分析表明，只要当局明智地管理好汇率改革后形成的浮动，快速成长、出口导向型的经济体就能够成功地驾驭向更大汇率弹性的转轨。当这样的经济体从依赖行政指导的货币和金融体系转变为由利率指导信贷配置的新体系，而且金融市场对资本流动变得日益开放之时，允许汇率变化使当局能够让货币和信贷条件适应国内需要。但是，重要的是，国家在管理汇率时要时刻牢记国内情况，并要避免有可能显著危及盈利能力和投资的那种大幅实际升值。

此外，对日本经验的这一分析还表明，向更大汇率弹性的转变未必要等到资本管制的消除，以及容量大且流动性好的外 118
汇远期和期货市场的充分发展。无可否认，缺少使外汇风险得以对冲的容量大且流动性好的远期市场，在这种情况下，汇率的自由灵活性会危及金融稳定。但是，通过干预外汇市场来管理汇率浮动，中央银行实际上可以提供私人市场无法提供的套期保值服务。而且，允许汇率在更宽的幅度内波动，可以创造出公司对这类套期保值服务的需求，相应地可以促进有关金融市场的发展。那些市场的发展所需要的，只是放松资本管制，而不是彻底取消管制。

再者，这一分析表明，国内政策做出调整，特别是财政政策给予支持，对于消除汇率转轨的阻碍十分重要。20 世纪 70 年代初，日本利用财政政策抵消日元升值的紧缩效应。在中国，对卫生保健、教育和其他社会服务的强劲需求尚未得到满足，在这些方面出台支持性的政策存在巨大空间。

20 世纪 70 年代初日本经验的最后一课，涉及在形势好时，即在全球经济条件有利而且外部需求强劲增长时，退出钉住汇率的优越性。日本当年面对的是 20 世纪 70 年代初有利的全球需求条件。从 90 年代中期开始，中国同样得益于迅速增长的全球经济。但是，
119 始于 1973 年，有益于日本经济的有利的环境条件突然消失了。危险之处在于，在不久的将来，中国也会发现自身将遇到与此类似的难题。

在某些圈子里，有人主张，由于中国可以为降低美国的经常账户逆差做贡献，人民币应当大幅升值。但是，如果日本在 20 世纪 70 年代的经验堪称指南的话，那么，一步大幅升值就会带来损害盈利性和投资因而降低经济增速的风险。具有这种效应的中国对全球再平衡的“贡献”，不符合任何一方的利益。更为审慎的行动步骤，应是不会宰掉经济增长这只金鹅的渐进式的调整，辅以金融体制改革以及大手笔的财政支持。假如在中国采取的这些建设性的政策调整，能够伴以美国采取货币和财政政策的适当调整，以便美国也能为解决主要是由它自己造成的全球失衡这个问题做出贡献，那就会更好一些！

附录 120

名义有效汇率（NEER）

名义有效汇率（NEER）由日元兑以下17国货币的汇率构成：美国、英国、联邦德国、希腊、意大利、荷兰、瑞典、瑞士、加拿大、委内瑞拉、澳大利亚、印度、伊朗、韩国、泰国、菲律宾和南非。这些是符合以下标准的国家：1960年从日本的进口额超过100亿日元，而且，从1949年到1990年的价格数据和外汇数据序列均可得。(韩国是个例外，因其1950年的批发价格指数不可得。由于1949年和1951年的数字完全相等，我们假定，和1949年相比，1950年的批发价格指数WPI没有发生变化。）17个双边汇率以从日本进口贸易额为权重，权重每5年进行更新。请注意，由于日韩两国货币名义汇率的极度升高（1970年的汇率水平是1949年汇率水平的300倍之巨）左右了其他货币的趋势，图3－1中描画的数据序列剔除了日元兑韩国货币的名义汇率。

实际有效汇率（REER）

实际有效汇率（REER）由日元兑和上述同样的17国货币的
汇率构成。每个名义汇率都用日本及相应国家的批发或生产者价格 121
指数予以正规化处理，并赋予前述的权重。就日本的批发价格指数而言，从1960年起使用的是国内批发价格指数；而因为数据限制，包括出口价格和进口价格在内的总的批发价格指数，使用至1959年为止。请注意，出于和上述情况同样的原因，图3－2剔除了兑韩国货币的实际汇率。在正文里所报告的经济计量分析结果中，包含20世纪50年代中期数据（即投资与出口方程式）的分析结果，均从加权平均值中剔除了韩国，以避免那个时候高通胀的阶段所造成的影响。

世界收入（D）

我们通过加总下述 11 个国家的国内生产总值（GDP）来估计世界收入规模：澳大利亚、比利时、加拿大、法国、德国、意大利、日本、瑞典、荷兰、美国和英国。加总时，使用基于 1955 年、1960 年、1965 年、1970 年和 1975 年的进口贸易额的权重。这些国家的进口额合计约占世界进口贸易总额的 60%。

第4章　英镑的往昔，美元的未来

随便拿起一份金融类的报纸，你会发现，几乎没有任何一份不报道说，美元即将丧失其国际支配地位。这或许只是反映了这样一种倾向，也就是说，那些做金融类新闻的记者们总要在最近身的乐队花车上觅得一席之地，从而最大限度地利用这一机会乘车巡游，跟风谈论这个追随者甚众的热门话题。若用马克·吐温的话来说则是，关于美元已死的报道实在是夸大其辞了。① 美元现在仍然是这个世界上各中央银行和政府的最主要的储备货币。近年来，美元在国际储备中所占份额实际上一直在上升，而不是在下降。美国国债市场依然是这个世界上最具流动性的统一金融大市场，这吸引了各国央行以这种形式来持有其储备。美元仍是国际贸易中居于支配地位的计值货币和交换媒介。石油和其他大宗商品仍以美元计价。

当然，有充分的理由质疑美元的支配地位是否会持续下去。以

① 以幽默和讽刺见长的美国作家马克·吐温，在得知一家报纸误报了他的死讯后，俏皮地说："我的堂弟詹姆斯·罗斯·克莱门斯，两三周前在伦敦生了一场重病，不过现已痊愈。有关我生病的报道源于他患病；关于我去世的报道实乃夸大之辞。"——译者注。

124 前我们从未见过这种不同寻常的奇观，发行主导性的国际货币的国家，其经常账户的赤字超过了国内生产总值（GDP）的 6%。以前我们从未见过，储备货币发行国积欠世界其他国家的债务达到了其 GDP25%的规模。美国的预算赤字在一定程度上是该国承担海外军事义务的反映；而美国预算赤字与其货币的疲弱之势联系在一起，让人们联想起同 20 世纪 60 年代美元的困厄以及二战后英镑的磨难之间的相似性。在那些持有美国国债的人们的头脑中，这一切必然会引发种种质疑，引导他们寻找其他的替代形式来持有其债权。而在人们现存的记忆里，头一次出现了和美国具有同样大规模的经济体所发行的另一种货币——欧元，其市场容量大，而且流动性也好。展望未来，还有中国的人民币，在今后 50 年，中国这个经济体的贸易规模可能比现在的美国更为庞大。

人们在谈论这个问题时，普遍会援引历史资料；甚至是通常觉得实时数据比档案资料更让人舒服的汇率预报员们，也是如此。不妨看看下面这段出自美国道富银行及信托公司（State Street Bank and Trust）的阿维纳什·佩尔绍德（Avinash Persaud）的引文："储备货币变换不居，忽然而已。在过往的 2 500 年间，曾有过不下十数种储备货币，如今已湮没无存。英镑在 20 世纪上半叶丧失了其重要地位，（并且）美元将在 21 世纪上半叶丧失其重要地位
125 ……丧失储备货币地位，将导致美国发生一系列的经济危机和政治危机。"①

虽然这段话因其哀婉动人的词句而值得注意，但在储备货币的发展史上，这却并非罕见。这一点并不令人惊讶，因有必要追溯历史，找出主导性的国际货币身份更迭的例子。的确，上一次发生这

① 佩尔绍德（Persaud 2004，p. 1）。

样的更迭，即从英镑变为美元，是在半个多世纪之前。再者，如果聚集于国际货币的一项特定职能，即作为用于各中央银行和政府的国际储备的一种价值贮藏手段，我们可以说，这是有历史记载以来唯一的一次这样的更迭。[①] 以前其他货币单位曾被用于国际用途，但并不是作为持有与国际金融体系运作相联系的流动的票据负债（liquid paper liabilities）的一种形式。绝大多数中世纪和近代初期的“国际货币”的例子，仅仅是为了跨国境使用而流通的铸币。在17世纪和18世纪，当荷兰是首屈一指的国际商业和金融巨头，而且阿姆斯特丹是最重要的金融中心之时，票据债权（paper claims）变得重要，但那时绝大多数国际业务都是有关外国不同地方的票据，而不是有关对荷兰政府本身的债权。[②]

在本章余下的篇幅里，我聚焦于美元作为世界上持有的最主要的官方储备形式的职能，以及它在国际货币体系中的地位。因此，从某种意义上说，我们实际上只有一处数据点，即从英镑向美元的
过渡，借以举一反三。这样一来，我们真的是置身于历史学家的领 126
地了。

4.1 储备货币竞争的发展史

正如我已经提到的，虽然在国外存储和购买外国的票据和债券不是什么新鲜事，但是，由各国央行和政府在国外金融中心大规模地持有外国票据和债券，却是近些年来才有的发展。这个惯例的传播，与第一次世界大战之前国际金本位制的出现相吻合。除了少数

---

① 在这个问题上，我对佩尔绍德（Persaud）的一句断言持有异议。

② 参见威尔逊（Wilson 1941）和林德特（Lindert 1969）。

几项重要的例外，这里所谈及的本位制是金块本位制，而不是金币本位制。[①] 在采用金本位制的国家的货币流通中，占有相当大份额的并非金币，换句话说，乃是象征性的铸币和在特定条件下可以兑换为金块的纸钞。金块本位制是 19 世纪的一项新发明。它以一种难以伪造的统一货币为先决条件，而只有当蒸汽动力被引入铸币加工过程时，这才成为可能。[②] 一旦黄金被集中到中央银行（或者在没有央行时，集中到财政部和其他发钞银行）的地下金库，就出现了以票据和付给利息但可兑换为黄金的存款凭证，替代或至少是扩充黄金的动机。彼得 · 林德特（Peter Lindert）的判断在其面世近 40 年之后，仍是我们可以获得的最好的估计值。他的估计表明，
127 在 1880 年至 1914 年间，外汇占全球国际储备的份额从 1/10 上升到 1/7。[③]

很容易理解，为什么伦敦应作为保有许多这类储备的地方，以及为什么英币汇票和英镑存款应作为其独一无二的最重要的储备形式。英国那时是世界上首屈一指的贸易强国，所吸收的世界其他国家出口总额的比重，在 1860 年超过了 30%，在 1890 年达到 20%。[④] 英国是制成品和服务的最主要的出口商，也是对进口食品和原材料永无餍足之时的消费者。在 1860 年至 1914 年间，世界贸易的约 40%是以英镑计值和结算的。[⑤] 对于试图出售比如说棉花的

---

① 根据布卢姆菲尔德（Bloomfield 1959）的研究，只有在英国、法国、德国、美国、1897 年后的俄罗斯、澳大利亚、南非和新西兰，金币才在货币流通中构成很大份额。

② 参见雷迪什（Redish 1990）以及这位作者关于这一主题的其他出版物。

③ 参见林德特（Lindert 1969）。后来在 20 世纪 20 年代，外汇所占份额进一步上升到大约占全球储备的 1/4。这促使评论家们述及金汇兑本位制的出现，而这样的评述有点儿滞后于现实的变化。

④ 根据伊姆拉（Imlah 1958）的估算。

⑤ 威廉斯（Williams 1968，p. 268）。

外国供应商来说，以英镑报价有助于打入英国市场。这样的供应商会在伦敦保有一个存款账户，会安全地短期持有销售进款。随着这些原材料的进口以及再出口的增长，出现了商品交易所的发展，而在交易所内，现货价格和远期价格同样都是以英镑报价的。[①]

英国作为世界最重要的海外长期投资来源国的地位，其运作亦同此理。试图从海外借款的外国政府找到伦敦来，使英镑顺理成章地成为债务证券账户的计值单位。因为，那时和现在一样，人们对于以那些国家自己的国内货币计价的债券胃口有限，那样的债券市场流动性不足，而且其价格更容易受到发行者的操纵。[②] 当这些借款者能够获得资金时，自然而然地会把资金放到在伦敦开立的存款 128
账户里，而且通常是在承付这笔贷款的同一家银行。[③] 贷款者鼓励遵循这一惯例，因为他们认为，在伦敦保有存款是一种保证机制，可促使借款人行事端方。[④]

英国作为一个强权帝国的地位，强化了英镑的职能。从 18 世纪初开始，英国为鼓励在整个帝国使用英镑，以这一方式令交易简化有序，付出了很大的努力。[⑤] 英国金融机构在殖民地设立分支机构，而殖民地的银行则在伦敦开设办事处。这些银行在伦敦拥有资产和负债，并为殖民地发行银行券，维持那些银行券和英镑之间的

---

① 至少从 19 世纪 50 年代起，以英镑计价的远期合约就在利物浦交易了。

② 关于这一点，参见弗朗德罗和萨斯曼（Flandreau and Sussman 2005）以及博尔多、梅斯纳和雷迪什（Bordo，Meissner，and Redish 2005）。就英属殖民地和英联邦的借款人来说，以何种货币计价这一问题，均无任何实际意义。

③ 这些钱若是最终将用于购买机械设备、铁路车辆和英国工业的其他产品，那就更是如此。

④ 参见巴洛格（Balogh 1950），尽管可以提出质疑，就像林德特（Lindert）所做的那样，到底是贷款人抑或是借款人，其行为受到了这个惯例的最大约束。

⑤ 例如，可参见克里克（Crick 1948）。

固定汇率。当汇率出现异常情况时，英国政府即对当地的货币发行实施直接监管，要求保持当地货币以固定汇率兑换为英镑的完全的对外可兑换性，这是通过在伦敦根据需要买卖英镑来维系的。在像印度这样的殖民地，英国主权即是最终被认定的法定货币，英国领导殖民地政府在伦敦建立了规模庞大的储备。

这些惯例进一步增强了伦敦市场的流动性，这或许是让伦敦变得富有吸引力的最重要的根本条件，能够让外国中央银行和政府首
129 先在那里拥有生息资产。因为该市场容量大且流动性好，拥有英镑的外国官方机构可以增加或削减其头寸，而不会干扰价格，或是泄露有关其资产负债表的令人不安的事实。它们可以使用英镑干预外汇市场，阻止其汇率偏离黄金输入输出平衡点。尽管的确出现过种种问题，但从来没有过危及英镑可兑换性的严重问题。而且，虽然英格兰银行偶尔借助黄金手段，修正黄金的实际价格，但它从未严重干扰过非英国人出口黄金的自由。几乎没有任何其他的金融中心堪称具备所有这些特质。[①]

1914 年之前英镑的支配地位，常常作为在某个特定的时点上只能有唯一的一种国际货币的证据，被人们援引。那时国际货币是英镑，现在则是美元，而未来将是另一种别的什么货币。我们再次引述佩尔绍德（Persaud）的话：“在任何一个时间点上，在金融世界里往往只有唯一的一种占支配地位的货币，不是两种或多种，仅有一种。有些人认为，欧元可能不会颠覆美元，（但是）它至少会分享到金融霸权的一些斩获。历史揭示的答案为否。在货币市场

---

① 例如，布卢姆菲尔德（Bloomfield 1959）指出，法国银行和德国国家银行两者都监督与伦敦有竞争关系的主要储备中心的运作，两者均采取了多种多样的步骤，使市场参与者难以出口黄金。

上，所有斩获归于那个胜利者，独享；而从来不会被分享。”[1]

市场只能容下唯一的一种储备货币的观念，乃是基于网络外部性的概念，以及美元在20世纪最后的25年里独自享有的支配地位。[2] 其论据是说，使成本最小化，意味着以其他人在国际交易中 130
使用的那同一种货币，来进行国际交易活动。就像拿计算机的操作系统来说，存在着强大的激励，去遵循在市场上居于支配地位的那种选择。[3] 由此得出结论，一种货币往往被用于绝大多数的国际交易活动。若没有造成各行为主体突然转向另一种本位的足够大的冲击，则现已充任主导性储备手段的货币，在维持其市场份额方面，也往往具备固有的优势。[4]

在贸易货品的计价货币或外国债券的计值货币选择方面，这种观点可能有点分量；但对于储备的货币计值而言，其根据却不那么明显。[5] 在流动性最好的市场中持有储备或许有利，这往往是其他人持有储备的市场；但是，没有理由假定，一般来说，仅有一个市场可以拥有足够的流动性。此外，市场流动性并非唯一重要的事情。或许值得忍受稍差一些的市场流动性，以换取多样化的好处，

---

① 佩尔绍德（Persaud 2004，p. 1）。

② 这是有关国际货币地位的种种形式模型的分析基础。例如，可参见松山公紀、清滝信宏和松井彰彦（Matsuyama，Kiyotaki，and Matsui 1993）。

③ 不妨再次引述佩尔绍德（Persaud 2004，p. 2）的话：“储备货币具有自然垄断，或者用更时髦的说法是网络的属性。如果和使用不同货币的某个人交易要付出额外的成本，那么，对你来说，使用其他绝大多数人在用的那种货币就是有意义的；这会使那种货币的使用进一步扩大规模、降低成本。拿计算机来说，有个很好的类比。‘视窗操作系统是操作系统中的美元。’”

④ 参见克鲁格曼（Krugman 1979）。钦和弗兰克尔（Chinn and Frankel 2005）为这一观点提供了经验性的模拟。

⑤ 熟悉我自己关于这一主题的先前工作（Eichengreen 1998）的读者们将会注意到，我对这个特定问题的见解已经有所发展，正如各种见解时有发展变化一样。

或是为了力求使投资银行为其贷款提供担保，而向这家投资银行表示诚信。而且，如果没有那么强大的网络外部性，促使一家央行以和其他央行同样的一种货币持有储备，那么，就不会存在锁定，竟致阻碍了央行针对预期损益的新信息改变其储备组合的货币构成。

131 历史证据也和所有斩获归胜利者独享的观念明显不一致。1913年底，英镑余额占已知其计值货币的官方外汇持有总额的不足半数，同时法国法郎占大约1/3，而德国马克占1/6（见表4－1）。①在此前的1/4世纪里，英镑所占份额实际上一直在下降，而不是上升，主要原因是法国法郎所占份额持续增长。在欧洲本身内部，在持有官方储备的形式方面，英镑落在法郎和马克的后面，处于遥远的第三位。

表4－1　**已知官方外汇资产币种份额（1899—1913年）**

	1899年末	1913年末
英镑	64	48
法郎	16	31
马克	15	15
其他货币	6	6

资料来源：根据林德特（Lindert 1969，表3）计算。

注释：因四舍五入，各百分数合计可能不等于100。

两次世界大战之间的经验也与一种货币主导国际使用的观念明显不符。在20世纪20年代和30年代，三种货币共担这一职能，尽管美元很快排挤掉了马克。1914年美国联邦储备系统的建立增

① 林德特（Lindert 1969，表3）。请注意正文中的限制条件：这些计算未考虑其计值货币未知的2.32亿美元官方外汇储备。

强了纽约市场的流动性，彰显了其作为国际金融中心的吸引力。[①]第一次世界大战之前，在国际交易活动中几乎没有使用美元。[②] 那时没有美国的中央银行再贴现承兑汇票，购买以美元计值的票据，以及要不然就是确保市场的流动性。当然，随着美国联邦储备系统的成立，所有这一切都变了样。

第一次世界大战具有一种增容效应。德国在开战那一周暂停了黄金的自由兑换。法国银行本来从未在法律上规定有义务把纸钞兑换为黄金，除例外条件下以外，也暂停了黄金兑换，后于 1915 年实施了正式的黄金禁运。英国于 1917 年限制黄金的出口和熔炼。相反，美国维持了黄金的自由兑换，甚至是在 1917 年参战之后，也一直保持这么做。[③]

此后，美国在全球贸易和对外贷款中所占份额，在 20 世纪 20 年代显著升高，超过了第一次世界大战之前的水平，这反映了滩头堡效应的作用。[④] 反过来，这导致了美元职能的扩充，它被用来作为一种计价单位和私人当事方之间国际交易的支付手段。德国和法国在 20 世纪 20 年代前半段承受了金融动荡。在这个十年的后半

① 根据布罗兹（Broz 1997）的研究，确实，以这种方式提升其地位，是成立美联储的动机之一。

② 这反映了在银行承兑汇票方面缺少一个容量大且流动性好的市场，这本身反映着这样一个事实，即国内银行被禁止承兑因国际贸易而产生的汇票。

③ 在 1914 年，美国说服纽约各银行为了给国际收支平衡表结算提供资金，建立黄金总库（请注意与第 2 章里所讨论的那段插曲的相似之处）。美国参战之后，政府呼吁爱国之心，并设立了多种多样的蛮不讲理的障碍，阻止私人的黄金出口。但是，当时的美国是世界领先的军需出口制成品和原材料的生产者，考虑到美国的这一地位，从根本上讲，是美国强有力的国际收支平衡表，使其得以在这段艰难时期维持了黄金的自由兑换。

④ 滩头堡效应（beachhead effect，Baldwin 1988）是指在欧洲的贸易因战争而陷入混乱的那个时期，美国向国外市场尤其是在拉丁美洲的渗透所具有的持久效应。

段，用蒙塔古·诺曼（Montagu Norman）的著名短语来说，英格兰银行持续不断地“承受耙压之苦（under the harrow）”。[①]

然而，尽管如此，在20世纪20年代和30年代，英镑、美元和法郎还是分享了储备货币的地位。我们现在仍然欠缺对这三种货币相对份额的类似林德特（Lindert）那样的准确估计。但那时，英镑很有可能仍居第一位，美元和法郎则排在后面。[②]

133

因而，一种货币在储备持有形式中占支配地位的传统观点，几乎完全是出自20世纪后半叶，在这一时期，美元占全球外汇储备的85%之多（见表4—2）。在某种程度上，第二次世界大战后美元的霸权反映着，在欧洲和日本尚未从二战后的满目疮痍中完全恢复过来，而现代经济增长还没有传播到我们现在所说的发展中国家之时，美国在全球贸易和国际收支中具有超乎寻常的优势地位。[③] 再

① 塞耶斯（Sayers 1976，p. 211）。[蒙塔古·诺曼（Montagu Norman，1871—1950），英国银行家，1920年至1944年间任英格兰银行行长，因在英国经济史上最艰难的时期领导英国中央银行而拥有崇高声望。——译者注]

② 特里芬（Triffin 1964）对1928年的情况给出的一个估计结果是，以美元持有的官方储备额为6.00亿美元，以其他货币持有的官方储备则有25.60亿美元的规模。他估计，随着金汇兑本位制的崩溃，到1933年底，以美元计值的储备总额下降到0.60亿美元，而以其他货币计值的储备额则下降到10.55亿美元。（原文中最后一个数值仅为“$1 055”。经与原作者核实，并核对特里芬1964年的原始文献，该数值应为“$1 055 million”，即10.55亿美元。中译本据此做了校正。——译者注）以那些其他币种持有的储备，在英镑和法国法郎之间也许是按七三开（70/30）的比例分配；1931年之后，当把英镑兑换为黄金的业务被暂停，并允许英镑汇率浮动之时，以法郎持有的储备比例可能会更高一些。参见纳克斯（Nurkse 1944）和贝尔（Bell 1956）。

③ 实际上，原始数据表明，直到20世纪50年代末以前，美元并没有支配国际储备市场。但这个早期阶段是显著失衡的时期：那是“美元短缺”的岁月，而英联邦和大英帝国的成员持有的庞大英镑余额被冻结了（也就是，并非自愿地持有）。确实，在1949年，超过一半的全球外汇储备是以英镑的形式持有，而在1957年，约36%的储备是以此种形式持有。通过间接的引导，或许是出于自愿持有的份额，全球贸易中英镑区所持有的份额，在这一时期大约为30%。

者，美元的霸权还反映着这样一个事实，拥有其他潜在的储备中心的各国政府，积极地阻止其货币在国际上使用。德国把马克的国际化视为对其控制通胀的威胁。日本认为，日元的国际化与其受控制的信贷体系无法相容。法国曾不止一次地体验：允许外国私人资金投入国内，若投资者们得出结论，该国政府宏观经济政策的热望与其宣称的对货币稳定性的承诺不相容，就得允许那些资金撤出。如此这般的种种顾虑，导致其货币有可能成为美元竞争对手的国家，把大量的资本管制措施完好地保持到了二战后的时期，在某些例子中，甚至保持到了 20 世纪 80 年代末。这些管制措施反过来限制了其证券市场的流动性，这使得以其货币计价的金融资产，作为一种 134
储备形式没有多大吸引力。这样一来，不仅仅是美国在世界经济中不同寻常的庞大体量，或是美国金融市场令人钦羡的流动性，而且其他潜在的储备中心维持了管制措施，这几方面因素共同解释了，为何在二战之后美元作为一种储备货币如此占优势，而且持续了如此之久。截至 20 世纪 90 年代，虽然绝大多数这类管制措施有所放松或被取消，但这个十年的标志，却是日本经济的衰退和欧洲向欧元的充满不确定因素的过渡。这段时间因此而成为对储备资产组合进行彻底的重新配置的歹运期。① 此外，美国经济的迅速增长，尤其是在 90 年代后半段，意味着美元的优势地位令储备管理者们几乎无人烦恼。现在的问题是，这种希望满怀的看法是否会发生变化。

有些人或许坚持认为，储备货币地位一朝拥有，再难丧失。英镑的储备货币职能持续到了 20 世纪后半叶，远在联合王国的国际

---

① 此外，随着 1999 年欧元的诞生，法国对德国的债权和德国对法国的债权，实际上都要用眼下共同的区内货币来重新计值，而且不再计入储备。这导致以欧洲各币种计值的外汇储备所占的份额一次性的下降。

商业和金融超强地位消失很久之后，这不是明证吗？我不信。第二次世界大战之后，持有英镑储备，与其说是因为网络外部性所带来的残存的激励，不如说是出于英联邦成员国的忠诚，以及英属殖民地在这件事上选择有限。[①] 并不清楚的是，美国这个“非正式的帝
135 国”是否会要求亚洲和中东的各国央行对它保持类似的忠诚。

表 4—2 **外汇储备的币种构成（%）**

时期	1973	1987	1995	2004
美元	84.5	66.0	56.4	65.9
欧元	—	—	—	24.9
英镑	5.9	2.2	2.1	3.3
德国马克	6.7	13.4	15.8	—
法国法郎	1.2	0.8	2.4	—
瑞士法郎	1.4	1.5	0.3	0.2
日元	—	7.0	6.8	3.9
欧洲货币单位	—	5.7	8.5	—
其他	—	3.4	4.8	1.8

资料来源：IMF，*Annual Report*（各年）。

除了忠诚，英镑区各成员国不愿更迅速地摆脱英镑、让其储备多样化的另一个原因是，它们确认，这样做会使英国经济的问题趋于恶化，而它们非常依赖英国这一出口市场。它们看重大英镑区所带来的汇率和金融稳定，而且不愿让其骤然解体。[②] 在 1967 年英镑贬值之后，它们的立场变得不那么坚定不移了，原因是这再一次令英镑区各国蒙受了资本损失。这导致了 1968 年《巴塞尔工具

① 尽管，除了其他人的论述之外，正如申克（Schenk 2004）所强调的，在二战后，尤其是在 20 世纪 60 年代，各殖民地确实拥有着相当大的，而且是越来越大的财政和金融自治权。

② 关于这一点的讨论，参见科恩（Cohen 1971）。在这种情况下，会让人联想到同当前亚洲各国货币政策的类比（也可参阅本书前面的第 1 章）。

(Basel Facility)》以及相关的双边协议的谈判[①]，英国在协议中保证了英镑区国家的官方英镑储备的美元价值，其交换条件是各伙伴国承诺其官方英镑储备余额的削减不超过某一特定点。当然，现在美国无意于提供类似的保证。 136

相对于美联储和美国政府的外汇流动资产，由外国中央银行持有的美国流动负债的规模要大得多，这个事实会怎么样呢？这不会提高转向其他可供选择的储备资产的可能性吗？仅就这一点而言，历史表明，这个事实并不会对美元的储备货币地位构成威胁。在1913年，由外国官方机构持有的流动英镑债权规模，比英格兰银行的黄金储备规模大2.5倍。[②] 1959年后，外国官方持有的美元规模同样超过了美国的黄金储备。[③] 在这两个例子的情况下，都曾有过关于倘若外国债权人突然决定将这些债权变现，就会出现种种困难的流言蜚语。但在这两种情况下，都没有发生大规模的清算，而且储备货币的地位都没有受到严重的威胁。对储备货币发行国的流动性债权的积累，是一种自然而然出现的必然结果，其原因则是该国作为金融中心的地位，以及持续增长的世界经济所创造的不断增加的储备需求。

现今人们听到同样的让人打消疑虑的观点。据说，美国正在借

---

① 《巴塞尔工具（Basel Facility）》，是1968年为帮助控制英镑区各成员持有的英镑收支余额所采取的一种特殊工具或一次性的融资安排。那时英国的国际收支状况疲弱，而且存在着对英镑进一步贬值的担忧。根据《巴塞尔工具》的规定，英国对英镑区大部分储备的美元价值（当然，这些储备是以英镑而不是美元计值的）做出保证。连同这一措施，若证明英国为英镑区成员提供国际收支余额的融资确有困难的话，国际清算银行同意为这些成员提供贷款，以便为其国际收支逆差筹措资金。此处所补充的注释文字译自原作者的答疑邮件。——译者注

② 这不同于欠外国人的流动负债总额与在国外持有的流动资产总额的比率；人们对此所知甚少，由此出现了许许多多的争论（参见Bloomfield 1963）。

③ 参阅本书前面的第1章。

短贷长，因为它有效率更高的金融体系，而且，因为处在这一居间过程另一端的各国对流动性外汇储备拥有永无餍足的胃口。[①] 中国
137 以购进美国国债的形式，拥有了对美国的流动性债权，而美国则转过身来，运用实收款项，为流动性较差的在华外商直接投资提供资金，从而绕开了低效率的中国银行体系。这简直就是 20 世纪 60 年代埃米尔·德普雷（Emile Despres）、查尔斯·金德尔伯格（Charles Kindleberger）和沃尔特·萨伦特（Walter Salant）关于美国国际收支平衡表的观点的一种最新说法。[②] 不妨回想一下德普雷、金德尔伯格和萨伦特的观点，他们认为，当国外长期资产净额和国外短期资产净额实际上是同一居间过程的不同组成部分时，把国外长期资产净额记在国际收支平衡表的横线之上，但把短期国外资产净额记在线下，此时仅仅关注平衡表的统计数字，就会让人产生误解。[③] 当然，在 1914 年以前，当英国借短贷长，扮演整个世界的银行家时，同样也是如此。[④] 据说，如果在那个时候，没有什么特殊理由担心外国官方债权人持有的流动性债权超过了外汇流动资产，那么，由此断定，现在也没有什么担心的理由。

但是，以前这两个阶段和现今的情况之间有一点不同——也就是说，目前形势的出现，是以充当世界的银行家的这个国家，存在规模庞大且持续不断的经常账户赤字为背景。这个国家拥有为全世界提供居间服务的最有效率的金融体系，却无法维持经常账户的平

① 正如杜利、福克茨兰多和加伯（Dooley，Folkerts-Landau，and Garber 2004）所主张的。

② 德普雷、金德尔伯格和萨伦特（Despres，Kindleberger，and Salant 1966）。

③ 萨伦特（Salant 1966）提供了有关这样一种观点的表述，即美国借短贷长的倾向体现了在美国的金融中介服务成本低而效率高。他所使用的语言，与今天用来概括美中金融部门差异之特征的措辞，几乎完全相同。

④ 参见费斯（Feis 1930）、林德特（Lindert 1969）以及菲什洛（Fishlow 1986）。

衡或者取得盈余，这是没有理由的。输入短期资本并输出长期资本，竟然会要求这位全世界的银行家维持经常账户赤字，就像美国正在做的一样，这是没有理由的。① 第二次世界大战后，甚至是在当时的人们已不再提及美元缺口之后，美国保持了经常账户的盈余。同样，在第一次世界大战之前，英国也保持着经常账户的持久盈余。② 138

① 正如可提出证据加以证明的那样，在以前这些发展阶段上，储备货币发行国在短期资本账户和长期资本账户两方面都是净贷款者（Bloomfield 1963）。例如，就1914年前英国的例子来说，虽然英国政府和中央银行对外国政府和央行的短期负债净额为正，但该国作为一个整体，其短期负债净额可能是负的，这反映着该国对外国人的私人承兑债权金额庞大（又可参见 Bloomfield 1963）。法国和德国的情况或许也是如此，尽管有关这两个例子，人们所知甚少。

② 尽管战前英国货物贸易有赤字，但是得自海运、保险、利息和分红的净收入，足以带来巨额的经常账户盈余。这枚硬币的另一面是大规模的资本外流：1900年至1913年间，英国在海外的投资额约占其国内生产总值（GDP）的5%。该国的国外资产净额约为其国内生产总值的1/4。法国每年将其国内生产总值的约2.5%投资到海外，而其国外净资产比率约为英国的一半。我自己所做的估算（Eichengreen 2000a）表明，由于第一次世界大战，美国首次变成了对外净债权国，尽管其净头寸的规模较小。这就是为什么当时的人们以及后来的历史学家会提及，英国银行的贴现率具有无与伦比的牵引力。例如，可参见斯米特（Smit 1934）。如果外国人开始把英镑储备兑换为黄金——如果英国的对外流动负债和流动资产双双开始下降，那么，该国的长期资产很容易就可变成易变现的资产。尤其是，银行利率的提高会降低或至少是延缓对外长期贷款。此外，它促使要在伦敦发行债券的海外英国人和外国侨民，把更大份额的实收款项留在那里的存款账户内。提高利率也会增加利息收入，因为英国是对外净债权国；也就是说，英国居民所拥有的国外生息资产的规模，超过了外国人在英国保有的生息资产。这样一来，通过缩减对世界其他国家和地区的承兑汇票和其他短期债权的数额，就可以巩固英国的国际收支状况。对这一观点的经典表述是麦克米伦委员会（Macmillan Committee）的论述（Committee on Finance and Industry 1931）。针对这个问题，布卢姆菲尔德（Bloomfield 1963）提供了一种更具不可知论色彩的研究方法。在个别情况下，如果英格兰银行的流动资产出现不足，也存在着获得外国支持的可能性。有关同样观点的较早论述，可参见布卢姆菲尔德（Bloomfield 1959）。

这种为全世界充当银行家的观点的拥护者们认为，其他国家维持对美国的盈余并以美元形式积累储备，是因为这些充当了获取美国对外直接投资的抵押品。[①] 按照这种观点，美国的公司愿意在中国开办工厂，是因为它们知道，如果中国官方试图剥夺它们的所有权，美国政府就会冻结中国的美元储备。在 19 世纪，坚船利炮发挥了这样的职能。第二次世界大战后，美国的核保护伞起到同样的效果。如今则是金融恐怖的平衡。[②]

我并不觉得，对美国双赤字的这种沾沾自喜的解释十分令人信服。这则故事乃中国特有，但储备的积累和对美国持续不断的盈余，却是亚洲各国的普遍现象。而且，没有人担忧日本或韩国会没收美国的私人投资。我不知道哪个美国公司的高管，在论证其在华投资决策的合理性时曾指出，中国庞大的美元储备是一种抵押品的形式。我也没听说过，中国官员在声明中解释说，他们积累美国国债是为外商直接投资的流入提供抵押品的一种方式。再者，这种说
139 法涉及的时间选择也是错的：美国在华的对外直接投资的增长始于 1992 年前后，而中国大规模的储备积累却是在十年之后才出现的。考虑到难以确认美国国债的最终持有者，这种有选择的违约的可行性是不明确的。而且，考虑到在华外商直接投资中，美国只占很小一部分，你必须假定，美国会愿意不仅为了美国私人对外投资者，还要为其他国家的对外投资者，而危害到自己的公共信用等级。从历史上看，在华外商投资受到损害的方式，是通过中方管理者或合资企业的合作伙伴方偷偷侵夺资产的途径进行的。很难设想，美国

① 参见杜利和加伯（Dooley and Garber 2005）。

② 这个说法出自萨默斯之口（Summers 2004）。［劳伦斯·萨默斯（Lawrence Summers），美国经济学家，1954 年生，曾是美国第 71 任财政部长、国家政策委员会主任、哈佛大学第 27 任校长。——译者注］

政府在应对更多这类事例时，会甘冒糟蹋其公共信用的风险。更确切地说，你必须假定美中之间会爆发一场重大的地缘政治危机，北京决定冻结全部的美国在华投资，美国以冻结中国所持美国国债的形式施以报复。这样的事件并非绝无可能，但是，这些都无法让我相信，对当前的全球失衡模式的这种平淡无奇的解释方法是合理的。

在我看来，储备货币发行国保持着庞大的经常账户赤字，并且正在招致对外负债净额迅速增加的这个事实，具有削弱其世界银行家之地位的危险。这意味着，外国持有的对美国的长期债权和美国持有的对外国人的长期债权一样，很容易转化为易变现的资产—— 140
美国的国外长期资产表现为流动性较差的对外直接投资的形式，而该国的国外长期负债表现为美国国债的形式，在这种情况下，外国对美长期债权就更容易变现了。虽然，“充当全世界的银行家”这个隐喻或许所言非虚，但是，不同于 1914 年前的英国和 1971 年前的美国，如今我们是在谈论其净资本为负的一家银行。

考虑到美国经济的实力及其对外国投资者的吸引力，适度的净外债可能不成问题。美国拥有其他的实力源泉，而不止是其金融资本。但是，如果允许其未清偿的债务与国内生产总值（GDP）的比率持续增大，那么，外国人迟早会变得不愿持有更多的美元和以美元计价的资产。这种不情愿的态度会导致美国的货币贬值和通货膨胀，而这最终会造成持有美元储备的魅力消失殆尽。

关于这一点，迈克尔·马萨（Michael Mussa）提供了一个简单的思路。马萨证明，对外净负债与国内生产总值（GDP）的比率记作 n，当 $c=n*g$ 时，n 稳定下来；在该式中，c 是经常账户赤字占 GDP 的份额，而 g 是名义收入增长率。[1] 当 g 为 0.05（3%的

---

[1] 马萨（Mussa 2004）。

实际增长率加上2%的通货膨胀率)，而 c 为0.025时，外债率稳定在50%，是现在的25%的两倍，并且，这或许是外国人愿持有美元及美元资产的美国净外债合理上限。(这也是马萨所假定的水平，
141 而且他提出了若干警告。下面假定世界其他国家和地区的通货膨胀率也维持在2%，这也是欧洲中央银行［ECB］通胀目标范围的上限，这有助于做进一步的分析。)①

现在假定美国在提高其公共部门和家庭部门的储蓄率方面无所作为，而且允许经常账户赤字继续保持在GDP的5%。当 $g=0.05$ 而 $c=0.05$，净外债率现在稳定在100%。② 和任何一个大国曾承担过的净外债水平相比，这个比率都要高得多，更不用说和储备货币发行国的水平相比了。这意味着，外国人在其储备资产的组合中所持有的对美债权的形式，其所占份额必须比目前的水平高得多。换言之，这个结果令人难以置信。必须放弃一些东西。

假定 c 不变，这是我们暂时做出的假设，为化解两难局面，一种办法是提高通胀率，比如说从2%提高到7%，结果是名义收入增长率从5%升至10%。③ 当 $c=0.05$ 而 $g=0.10$，n 再次稳定在

① 这两大市场之间可以比较的通货膨胀率与两者之间汇率的长期稳定性保持一致。

② 或者，至少是在有利条件下，净外债率稳定在这个水平上。例如，请注意，关于可能会和高通胀率伴随而来的名义利率的提高，我什么也没说。给外国人的利息支付净额是经常账户的一部分。若利息支出随通胀而增加，这看起来是合理的，则必须巩固贸易余额，防止经常账户赤字上升到5%以上。(若外债期限因通胀加速而缩短，则生息负债还要增长得更多，因为有更大份额的未清偿债务要按现在更高的利率付息。)若不能巩固贸易余额，美国官方就不得不用进一步出其不意地提高通胀水平来应对，而这会引起利率的上升，而且，依次类推，会形成恶性的通胀螺旋。想必这会使美元进一步减小作为一种储备持有形式的魅力。

③ 增长率保持不变的假设是一个更方便的简化办法，我们但愿能再回到这个假设上来。

50%，也就是我们假定的上限。出现这一情形可能性最大的方式是，外国人越来越不愿在其储备资产的组合中增持以美元计值的证券。甚至是在美国继续向世界经济注入更多的国库债券时，保持外国储备资产组合中以美元计值的证券所占份额不变，要求美元的汇率下跌。[①] 而一旦其开始下跌，就可能出现“逃离美元”的现象，因为投资者们仓惶抛售，以免最后血本无归（避免因行动迟缓而招致巨大的资本损失）。而美元汇率下跌愈迅速，输入型通胀和对美 142 国物价的上涨压力愈强烈。这就是市场力量造成通货膨胀加速的机理，这个机制把美国外债相对于国民生产总值（GNP）的比率限定在投资者可以接受的水平上。

有些人会反对说，美联储不可能准备容忍通货膨胀的明显加速。他们想到的是，为了抑制起初的通胀压力，美联储会急剧地提高利率。这是否提供了一条顺畅的突围之路，取决于我们怎样认识美联储的高利率对美国经济和经常账户所造成的影响。急剧提高利率会同时抑制吸收和产出。[②] 这会通过其对住房价格和其他资产价值的负面影响，使消费支出减速，并因提高资本成本而抑制投资。高利率会通过其对投资以及一般而言的总需求的负面影响，抑制产出的增长。如果下降的主要部分是吸收，那么经常账户就会缩小规模，资产组合的结构平衡就可在不发生快速通胀的情况下得到恢复。但是，如果下降的主要变量是生产，那么经常账户（是吸收和生产两者的差额）就几乎表现不出多少改善。于是，抑制产出的高利率也可能造成金融体系的不稳定。归根结底，在长期的财政和外部失衡背景下，高利率和暴跌的汇率同时出现，这是金融危机的经

① 这是有关国际调整的经典的资产组合平衡模型，如库里（Kouri 1976）所述，后由布兰查德、贾瓦齐和萨（Blanchard，Giavazzi，and Sa 2005）予以更新。

② 这里是上页脚注②里曾做过标记的那个假设应予以放松之处。

典配方。

143 对于美元作为世界主导性的储备货币的角色来说，这些情景中没有一种具有快乐的含义。首先假定美联储并不试图抵消美元下跌的通胀效应。随着美国通胀率现在达到其他国家通胀率三倍的水平，把美元用作一种价值储藏、交换媒介和计价货币就会变得没有多少吸引力了。① 由此导致的资本损失，最终会促使外国央行和政府为其储备寻找一个更为稳定的储藏库。② 或者，可假定美联储为防止通胀加速而急剧提高贴现率。这有可能引起剧烈衰退并陷入金融困局——而且很有可能造成美元更猛烈的下跌。这会再次导致外国央行和其他持有者为避免资本损失而逃离美元。③ 只有当我们假定，美联储能够指挥一次软着陆——它能够把利率提高到刚好足以控制通胀，但又不会引发严重的衰退，并由此还是降低了 c，这样才能找到一条顺畅的突围之路。

---

① 这是塔夫拉斯（Tavlas 1997）所强调的一种观点。如果我们代之以假定 n 必须稳定在美国国内生产总值（GDP）的 40%的水平，这是马萨（Mussa）对可行水平的更为保守的估计值，那么，美国的通货膨胀率就必须升至 10.5%，达到国外通胀水平的 5 倍以上，这种情况加强了这一结论。

② 这里的一个复杂之处是，美元的贬值也具有降低美国净外债的效果，因为美国的国外资产以外国货币计值的比例极高（在某种意义上，和对外直接投资的情况一样），而美国的国外负债以美元计值的比例极高（正如古林查斯和雷伊［Gourinchas and Rey 2003］以及莱恩和米莱斯－费雷蒂［Lane and Milesi-Ferretti 2004］所强调的）。但是，在像正文所设想的高通胀和长期贬值的环境中，这也有可能发生变化。

③ 引起衰退并造成金融困局的利率急剧升高，会削弱这种货币而不会令其坚挺，关于这种可能性在亚洲金融危机之后有很多讨论。例如，可参见弗曼和斯蒂格利茨（Furman and Stiglitz 1998）。细心的读者可能已经注意到，在第一个情景中，通货膨胀和货币贬值两者都在加速发生，而在第二个情景中，货币贬值加速，却没有同时发生通胀水平的提高。其原因是，在两种情景下，实际汇率有充足的理由呈现出不同的表现；在第二个情景中，若要开启挤入对美国商品的需求，就需要有实际的贬值。

4.2 未来前景

这种情景对美元居于全球金融体系中心的地位意味着什么呢？这意味着，美元能否保持住其储备货币的角色，首要的是取决于美国自身的政策。严重的经济管理不善，会导致其他储备货币取代美 144
元。我用“严重的管理不善”指的是这样的政策，即允许规模庞大到不可持续的经常账户赤字继续存在，导致巨额外债的积累，并在混乱无序的调整过程中登峰造极的政策。其中所说的调整过程，涉及美元的贬值，以及要么是国内通胀率骤升，要么是美国债券名义价值因高利率而骤降。显然，美元汇率不稳定和以美元计值的资产的购买力受到侵蚀，会使持有美元储备失去吸引力。这是英国历史的教训，因为在 20 世纪的前 75 年里，英国的通货膨胀率大约是美国通胀率的三倍，这种情况连同英镑对美元的再三贬值，对英镑丧失国际霸主地位起到了重要作用。

在较为乐观的情景中，能够把美国经常账户的赤字逐渐地控制起来，考虑到美国货币政策的稳定性、其充满活力的经济以及美国金融市场的流动性，没有理由让美元失去其储备货币的地位。但这并不意味着，美元将会像过去一样，在国际舞台上保持其支配性。因为世界其他地方的金融市场流动性增强，其他货币将成为更为便利的储备持有形式。在二战之后的 40 多年里，其他国家维持了资本管制和限制其市场流动性的严格的金融规制，致使其货币作为储 145
备的贮藏手段缺乏吸引力，并且使美元长期保持了支配地位。如今，随着金融的常态化和自由化，储备手段在美元之外出现一定程度的多元化是不可避免的。这并不意味着，美元注定会丧失其储备货币地位。认为夺取储备货币地位的竞争是一个赢者通吃的博弈，这种网络外部性的观点，无论是就分析而言，还是从历史上看，都没有一丁点儿的可取之处。展望未来，金融创新会继续降低兑换货币的成本，进一步弱化持有同其他国家一样形式的储备只是为了让交易成本最小化的动机。因此，从今往后几十年，没有什么理由令两种或多种储备货币无法分享这个市场，这与 1914 年前的情形没有什么不同。

但会是哪些货币呢？无论我们是想象 2020 年或是 2040 年，显而易见的候选者是美元和欧元。相对于世界上其他国家和地区，欧洲和美国拥有强大的制度、对财产权利的尊重以及切合实际的宏观经济政策，这些国家拥有稳定的政治体制。其经济有望具备同样大小的规模，致力于类似水平的对外贸易和金融交易，而且拥有可并驾齐驱、流动性好的证券市场。欧元的降临对提高欧洲债券市场的流动性居功至伟，从提高储备货币地位的观点来看，这一点至关重要。

146 这一切都是以欧洲经济健康发展以及欧元区同心协力为假定而做出的预测。如果欧洲的经济增长继续滞后于美国和亚洲的经济增长，那么，在全球经济和金融场景中，欧洲就将会扮演不那么重要的角色了。在很大程度上，欧元将会成为类似瑞士法郎那样的一种专门性的货币，对于储备持有手段的多元化有益，而不是用作央行储备资产组合中一种主要的组成部分。而且，欧洲仍是一个保持了异质性的地方。也就是说，如果某些欧洲国家断定，欧洲中央银行的政策对它们来说过于严厉，那么，可以想象，它们会想到要脱离欧元区，并重新采用它们自己国家的货币。在这一情景中，只有欧盟的核心成员国保留欧元，就其储备货币的角色而言，这种货币会再次类似于瑞士法郎，而不是像美元那样。

就我个人而言，我不认为这是一种很有可能出现的情景。货币联盟是由欧洲联盟各成员国达成的一整套相互关联的契约中的一项。很难去掉其中一项协议而不危及其他，这个事实相当于一个令人敬畏的退出障碍。此外，并不明确的是，比如说，像意大利这样的国家，使用其自己的货币，并实行更具扩张性的货币政策，其经济状况真的会变得更好。① 重新采用里拉的主要后果是有可能会提高支付其国债利息的成本，因而不会使这个选项令人满意。最后，147
并非每个人都同意，欧洲的增长前景根本不及美国。② 但是，对于那些思忖欧元作为一种储备货币的中期前景的人们来说，这一情景仍值得好好思量。

谋求储备货币地位的其他受到欢迎的候选者，不大可能成为美元的主要竞争对手。日本是一个存在人口问题而且抵制移民的较小国家。若在经济增长方面没有引人注目的复苏以及移民政策的根本变化，日本在全球风景中的位置将继续随着时间的推移而缩小。万千宠爱集于一身的王位继承者——中国，在其货币作为其他国家外汇储备的储藏库开始变得有吸引力之前，将不得不翻越巨大的障碍。解决如何消除资本管制而避免经济不稳，是其面临的种种难题中最无足轻重的一个。中国的金融市场流动性不太好，或是不太透明；甚至，上海要成为真正的国际金融中心所必需的制度性基础设施，还要花上几十年来建设。对财产权利的保障仍不可靠，而使投资者感到安全最终将需要过渡到民主制度，创造可以信赖的政治制衡机制，并要培育具有政治影响力的债权人阶层。尽管在今后40年或50年的新储备货币竞赛中，人民币是许多人钟爱的冠军候选

---

① 这个例子并非完全出于假想。2005年春，法国拒绝接受欧盟宪法草案，荷兰实行全民公决，加上对经济增长缓慢的不满，促使意大利福利部长罗伯托·马罗尼（Roberto Maroni）建议，意大利应考虑脱离单一货币并重新采用里拉。据报道，在一次德国金融高官会议上，讨论了欧元区会解体的可能性（“Italian Ministers” 2005；“Euro Plumbs $7^{1}/_{2}$ Month Low” 2005）。

② 布兰查德（Blanchard 2004）则持强烈的相反主张。

者，但是，在我看来，这样的希望却实在是言之过早。

148 我要传达的中心思想是，历史必须仔仔细细地来阅读。实际上，若干种货币可以共同分享储备货币的地位，而这并非罕有之事。金融技术和市场结构的变迁弱化了网络效应，从而使这一点在未来比过去更有可能变为现实。与此同时，错误的政策会使一种货币被迅速地淘汰出局。时间将会宣告，这一命运是否会降临到美元的头上。

参考文献

Ackley, Gardner, and Hiromitsu Ishi. (1976). "Fiscal, Monetary and Related Policies." In Hugh Patrick and Henry Rosovsky (Eds.), *Asia's New Giant* (pp. 154—247). Washington, DC: Brookings Institution.

Angel, Robert. (1991). *Explaining Economic Policy Failure: Japan in the 1969—1971 International Monetary Crisis*. New York: Columbia University Press.

Association of Public and Corporate Bond Underwriters (Koshasai Hikiuke Kyokai) (1980). *History of Public and Corporate Bond Market in Japan* (Nihon Koshasai Shijo Shi). Tokyo: Association of Public and Corporate Bond Underwriters.

Baldwin, Richard. (1988). "Hysteresis in Import Prices: The Beachhead Effect." *American Economic Review* 78, 773—785.

Balogh, Thomas. (1950). *Studies in Financial Organization*. Cambridge: Cambridge University Press.

Bank for International Settlements (BIS). (2005). *Seventy-fifth*

Annual Report. Basel: BIS.

Bank of Japan. (various years). *Balance of Payments Monthly*. Tokyo: Bank of Japan.

Bank of Japan. (1987). *Hundred-Year Statistics of Wholesale Prices in Japan*. Tokyo: Bank of Japan.

Bank of Japan. (various years). *Price Indices Annual*. Tokyo: Bank of Japan.

Bank of Japan. (1985). *One-Hundred-Year History of the Bank of Japan* (Nihon Ginko Hyakunenshi). Vol. 5. Tokyo: Bank of Japan.

Bank of Japan. (1986). *One-Hundred-Year History of the Bank of Japan* (Nihon Ginko Hyakunenshi). Vol. 6. Tokyo: Bank of Japan.

Barro, Robert. (1979). "Money and the Price Level under the Gold Standard." *Economic Journal* 89, 13—33.

Bell, Philip. (1956). *The Sterling Area in the Postwar World*. Oxford: Clarendon Press.

Blanchard, Olivier. (2004). "The Economic Future of Europe." *Journal of Economic Perspectives* 18, 3—26.

Blanchard, Olivier, and Francesco Giavazzi. (2005). "China: A Three-Handed Approach." Manuscript, Massachusetts Institute of Technology, Cambridge, MA.

Blanchard, Olivier, Francesco Giavazzi, and Filipa Sa. (2005). "The U.S. Current Account and the Dollar," *Brookings Papers on Economic Activity* 1, 1—49.

Block, Fred L. (1977). *The Origins of International Economic disorder: A Study of United States International Monetary*

Policy from Word War II to the Present. Berkeley: University of California Press.

Bloomfield, Arthur I. (1959). *Monetary Policy under the International Gold Standard* 1880－1914. New York: Federal Reserve Bank of New York.

Bloomfield, Arthur I. (1963). "Short-Term Capital Movements under the Pre-1914 Gold Standard." Princeton Studies in International Finance No. 11, International Finance Section, Department of Economics, Princeton University.

Bordo, Michael, and Barry Eichengreen. (1998). "Implications of the Great Depression for the Development of the International Monetary System." In Michael Bordo, Claudia Goldin, and Eugene White (Eds.), *The Defining Moment: The Great Depression and the American Economy in the Twentieth Century* (pp. 402 － 453). Chicago: University of Chicago Press.

Bordo, Michael, Christopher Meissner, and Angela Redish. (2005). "How Original Sin Was Overcome: The Evolution of External Debt Denominated in Domestic Currencies in the United States and the British Dominions." In Barry Eichengreen and Ricardo Hausmann (Eds.), *Other People's Money: Debt Denomination and Financial Instability in Emerging Market Economies* (pp. 122 － 153). Chicago: University of Chicago Press.

Broz, Lawrence. (1997). *The International Origins of the federal reserve System*. Ithaca: Cornell University Press.

Campa, José Manuel, and Linda S. Goldberg. (2002).

"Exchange Rate Pass-Through into Import prices: A Macro or Micro Phenomenon?" NBER Working Paper No. 8934 (May) .

Chinn, Menzie, and Jeffrey Frankel. (2005) . "Will the Euro Eventually Surpass the Dollar as Leading International Reserve Currency?" NBER Working Paper No. 11510 (August) .

Cohen, Benjamin J. (1971) . *The Future of Sterling as an International currency*. London: Macmillan.

Committee on finance and Industry (Macmillan Committee) . (1931) . *Report*. London: HMSO.

Crick, W. F. (1948) . *Origin and Development of the Sterling Area*. London: Institute of Bankers.

Despres, Emile, charles Kindleberger, and Walter Salant. (1966) . "The Dollar and World Liquidity: A Minority View." *The Economist* 218 (5 February), 526—529.

Dooley, Michael, David Folkerts-Landau, and Peter Garber. (2003) . "An Essay on the Revived Bretton Woods system." NBER Working Paper No. 9971 (September) .

Dooley, Michael, David Folkerts-Landau, and Peter Garber. (2004) . "Direct Investment, Rising Real Wages and the Absorption of Excess Labor in the Periphery." NBER Working Paper No. 10, 626 (July) .

Dooley, Michael, and Peter Garber. (2005) . "Is It 1958 or 1968? Three Notes on the Longevity of the Revived Bretton Woods System." *Brookings Papers on Economic Activity* 1, 147—187.

Economic Planning Agency. (1972), *Economic White Paper of* 1972 (Showa 47 Nen-ban Keizai Hakusho) . Tokyo: Printing

Bureau of Ministry of Finance.

Eichengreen, Barry. (1992). *Golden Fetters: The Gold Standard and the Great Depression*, 1919 — 1939. Oxford: Oxford University Press.

Eichengreen, Barry. (1996a). *Globalizing Capital: A History of the International Monetary System*. Princeton: Princeton University Press.

Eichengreen, Barry. (1996b). "Institutions and Economic Growth: Europe after World War II." In Nicholas Crafts and Gianni Toniolo (Eds.), *Economic Growth in Europe since* 1945 (pp. 38—72). Cambridge: Cambridge University Press.

Eichengreen, Barry. (1998). "The Euro as a Reserve Currency." *Journal of the Japanese and International Economies* 12, 483—506.

Eichengreen, Barry. (2000a). "From Benign Neglect to Malignant Preoccupation: U. S. Balance of Payments Policy in the 1960s." In George L. Perry and James Tobin (Eds.), *Economic Events, Ideas and Policies: The* 1960*s and After* (pp. 185—242). Washington, DC: Brookings Institution.

Eichengreen, Barry. (2000b). "U. S. Foreign Financial Relations in the Twentieth Century." In Stanley Engerman and Robert Gallman (Eds.), *The Cambridge Economic History of the United States*. Vol. 3, *The Twentieth Century* (pp. 463 — 504). Cambridge: Cambridge University Press.

Eichengreen, Barry. (2005). "Is a Change in the Renminbi Exchange Rate in China's Interest?" *Asian Economic Papers* 4, 40—75.

Eichengreen, Barry, and Paul Masson, et al. (1998). "Exit Strategies: Policy Options for Countries Seeking Greater Exchange-Rate Flexibility." Occasional Paper No. 168. Washington, DC: IMF (April).

Eichengreen, Barry, and Marc Uzan. (1993). "The 1933 World Economic Conference as an Instance of Failed International Cooperation." In Peter Evans, Harold K. Jacobson, and Robert D. Putnam (Eds.), *Double-Edged Diplomacy: International Bargaining and Domestic Politics* (pp. 171—206). Berkeley: University of California Press.

"Euro Plumbs Seven-and-a-Half-Month Low." (2005). Reuters, 1 June.

Feis, Herbert. (1930). *Europe, the World's Banker*. New Haven: Yale University Press.

Fishlow, Albert. (1986). "Lessons from the Past: Capital Markets during the Nineteenth Century and the Interwar Period." In Miles Kahler (Ed.), *The Politics of International Debt* (pp. 37—94). Ithaca: Cornell University Press.

Flandreau, Marc, and Nathan Sussman. (2005). "Old Sins: Exchange Clauses and European Foreign Lending in the Nineteenth Century." In Barry Eichengreen and Ricardo Hausmann (Eds.), *Other People's Money: Debt Denomination and Financial Instability in Emerging Market Economies* (pp. 154—189). Chicago: University of Chicago Press.

Flood, Robert, and Peter Garber. (1984). "Gold Monetization and Gold Discipline." *Journal of Political Economy* 92, 90—107.

Frankel, Jeffrey, and Katherine Rockett. (1988). "International Macroeconomic Policy Coordination When Policymakers Do Not Agree on the True Model." *American Economic Review* 78, 318—340.

Fujino, Shozaburo. (1988). "The Balance of Payments of Postwar Japan. Part One: Overvaluation of Exchange Rate of 360 Yen" (Sengo Nihon no Kokusai Shushi). *Keizai Kenkyu* 39, 97—108.

Fukao, Mitsuhiro. (1990). "Liberalization of Japan's Foreign Exchange Controls and Structural Changes in the Balance of Payments." *Bank of Japan Monetary and Economic Studies* 8, 1—65.

Furman, Jason, and Joseph Stiglitz. (1998). "Economic Crises: Evidence and Insights from East Asia." *Brookings Papers on Economic Activity* 2, 1—135.

Garber, Peter. (1993). "The Collapse of the Bretton Woods Fixed Exchange Rate System." In Michael Bordo and Barry Eichengreen (Eds.), *A Retrospective on the Bretton Woods System: Lessons for International Monetary Reform* (pp. 461—494). Chicago: University of Chicago Press.

Genberg, Hans, and Alexander Swoboda. (1993). "The Provision of Liquidity in the Bretton Woods System." In Michael Bordo and Barry Eichengreen (Eds.), *A Retrospective on the Bretton Woods System: Lessons for International Monetary Reform* (pp. 269 — 316). Chicago: University of Chicago Press.

Gilbert, Milton. (1968). "The Gold-Dollar System: Conditions of Equilibrium and the Price of Gold." Princeton Essays in International Finance No. 70, International Finance Section, Department of Economics, Princeton University.

"Gold Pool's First Years: Account Balanced." (1962). *Economist*, 29 December, pp. 1293—1294.

Goldstein, Morris, and Nicholas Lardy. (2003). "Two-Stage Currency Reform for China." *Asian Wall Street Journal*, 12 September, A9.

Gourinchas, Pierre-Olivier, and Hélène Rey. (2003). "International Financial Adjustment." Manuscript, University of California, Berkeley, and Princeton University, Princeton, NJ.

Gourinchas, Pierre-Olivier, and Hélène Rey. (2005). "From World Banker to World Venture Capitalist: U. S. External Adjustment and the Exorbitant Privilege." Manuscript, University of California, Berkeley, and Princeton University, Princeton, NJ.

Gowa, Joanne S. (1993). *Closing the Gold Window*. Ithaca: Cornell University Press.

Hayami, Masaru. (1982). *The Years' Experience with Floating: Voyage without a Chart* (Hendo Soba Sei 10 Nen: Kaizu naki Kokai). Tokyo: Toyo Keizai Shinpo Sha.

Henderson, Dale, and Stephen Salant. (1978). "Market Anticipations of Government Policies and the Price of Gold." *Journal of Political Economy* 86, 627—648.

Horiuchi, Akiyoshi. (1984). "Economic Growth and Financial Allocation in Postwar Japan." Brookings Discussion Paper in

International Economics No. 18 (August) .

Hoshino, Naoki. (1958) . "The Intention of Mr. Erhard" (Eaharuto no Shin'i) . *Daiyamondo*, 15 November.

Imlah, Albert. (1958) . *Economic Elements in the Pax Britannica*. Cambridge, MA: Harvard University Press.

International Monetary Fund. (various years) . *Annual Report*. Washington, DC: International Monetary Fund.

International Monetary Fund. (various years) . *Balance of Payments Statistics*. Washington, DC: International Monetary Fund.

International Monetary Fund. (various years) . *Direction of Trade Statistics*. Washington, DC: International Monetary Fund.

International Monetary Fund. (various years) . *International Financial Statistics*. Washington, DC: International Monetary Fund.

"Italian Ministers Say Italy Should Study Leaving Euro." (2005) . Reuters, 3 June.

Ito, Takatoshi. (1986) . "Capital Controls and Covered Interest Parity between the Yen and the Dollar." *Economic Studies Quarterly* 37, 223—241.

Japan Economic and Social Research Institute, Cabinet Office. (n. d.) . *Statistics Information Site*. <www. esri. cao. go. jp>.

Japan Ministry of Finance. (1976) . *The Financial History of Japan: The Allied Occupation Period* (Showa Zaisei Shi) . Vol. 3. Tokyo: Ministry of Finance.

Japan Ministry of Finance. (1977) . *The Collected Data Series of*

Financial Statement Statistics of Corporations by Industry (Hojin Kigyo Tokei Kiho Syuran). Tokyo: Economic and Social Research Institute (ESRI), Cabinet Office. Available at <http://www.esri.cao.go.jp>.

Japan Ministry of Finance. (1991a). *History of Financial and Monetary Policies in Japan*, 1952－73: *Finance*: *Monetary Policy and Financial System*, *Part I* (Showa Zaisei Shi). Vol. 9. Tokyo: Ministry of Finance.

Japan Ministry of Finance. (1991b). *History of Financial and Monetary Policies in Japan*, 1952－73: *Finance*: *Monetary Policy and Financial System*, *Part II* (Showa Zaisei Shi). Vol. 10. Tokyo: Ministry of Finance.

Japan Ministry of Finance. (1992). *History of Financial and Monetary Policies in Japan*, 1952－73: *International Finance and External Economic Affairs*, *Part II* (Showa Zaisei Shi). Vol. 12. Tokyo: Ministry of Finance.

Japan Ministry of Finance. (various years). *The Collected Data Series of Financial Statement Statistics of Corporations*, *by Industry*. Tokyo: Ministry of Finance.

Japan Ministry of Trade and Industry. (various years). *Annual Report of the Foreign Trade of Japan*. Tokyo: Ministry of Finance.

Keynes, John Maynard. (1944). "Speech to the House of Lords, May 23, 1944." In Donald Moggridge (Ed.), *The Collected Writings of John Maynard Keynes*. Vol. 26, *Activities*, 1941－46: *Shaping the Postwar World－Bretton Woods and Reparations* (pp. 9－21). London: Macmillan and

Cambridge University Press.

Kojima, Kiyoshi (Ed.). (1972). *Structure and Development of Japanese Trade*. Tokyo: Shiseido.

Komiya, Ryutaro. (1988). *Current Japanese Economy: Macroeconomic Perspectives and International Economic Relations* (Gendai Nihon Keizai). Tokyo: University of Tokyo Press.

Komiya, Ryutaro, and Miyako Suda. (1983). *Contemporary International Finance: Theory, History and Policy* (Gendai Kokusai Kinyuron, Rekishi Seisaku-hen). Vol. 2, *History and Policy*. Tokyo: nihon Keizai Shinbun Sha.

Kosai, Yutaka. (1989). "Economic Policy During the Era of High Growth." In Yasukichi Yasuba and Takenori Inoki (Eds.), *Economic History of Japan* (Kodo Seichoki no Keizai Seisaku). Vol. 8, *High Growth* (Nihon Keizaishi) (pp. 209–272). Tokyo: Iwanami Shoten.

Kouri, Pentti. (1976). "The Exchange Rate and the Balance of Payments in the Short Run and in the Long Run: A Monetary Approach." *Scandinavian Journal of Economics* 78, 280–304.

Krugman, Paul. (1979). "A Model of Balance of Payments Crises." *Journal of Money, Credit and Banking* 11, 311–325.

Lane, Philip, and Gian Maria Milesi-Ferretti. (2004). "Financial Globalization and Exchange Rate Changes." IMF Working Paper 05/03 (January).

Lindert, Peter H. (1969). "Key Currencies and Gold 1900–1913)." Princeton Studies in International Finance No. 24, International Finance Section, Department of Economics,

Princeton University.

Louchheim, Donald H. (1968). "Paris Boycotts Gold Pool of Eight Major Nations." *Washington Post*, 21 November, A12.

Maddison, Angus. (2001). *The World Economy: A Millennial Perspective*. Paris: OECD.

Mason, Mark. (1992). *American Multinationals and Japan*. Cambridge, MA: Harvard University Press.

Matsuyama, Kiminori, Nobuhiro Kiyotaki, and Akihiko Matsui. (1993). "Toward a Theory of International Currency." *Review of Economic Studies* 60, 283—307.

Meltzer, Allan H. (1966). "The Regulation of Bank Payments Abroad: Another Failure for the Government's Balance of Payments Program." In George P. Shultz and Robert Z. Aliber (Eds.), *Guidelines, Informal Controls, and the Market Place* (pp. 183—208). Chicago: University of Chicago Press.

Meltzer, Allan H. (1991). "U. S. Policy in the Bretton Woods Era." *Federal Reserve Bank of St. Louis Review* 73 (May/June), 54—83.

Mikuni, Akio, and R. Taggart Murphy. (2002). *Japan's Policy Trap: Dollars, Deflation, and the Crisis of Japanese Finance*. Washington, DC: Brookings Institution.

Mitchell, Brian R. (1998a). *International Historical Statistics: The Americas 1750—1993*. Basingstoke: Palgrave Macmillan.

Mitchell, Brian R. (1998b). *International Historical Statistics: Europe 1750—1993*. Basingstoke: Palgrave Macmillan.

Mitchell, Brian R. (1998c). *International Historical Statistics: Africa, Asia and Oceania 1750—1993*. Basingstoke: Palgrave

Macmillan.

Miwa, Ryoichi. (2003). "Postwar Democratization and Economic Reconstruction." In Takafusa Nakamura and Konosuke Odaka (Eds.), *Economic History of Japan*. Vol. 3, *A Dual Structure*. Oxford: Oxford University Press.

Miyagawa, Tsutomu, and Joji Tokui. (1994). *The Economics of a Strong Yen* (Endaka no Keizaigaku). Tokyo: Toyo Keizai Shinpo Sha.

Moon, Ihlwan. (2005). "A Great Place to Be a Bank: In South Korea, Profits Are Soaring from Smarter Consumer Lending." *Business Week* (7 November), 52.

Mussa, Michael. (2004). "Exchange Rate Adjustments Needed to Reduce Global Payments Imbalances." In C. Fred Bergsten and John Williamson (Eds.), *Dollar Adjustment: How Far? Against What?* (pp. 113－138). Washington, DC: Institute for International Economics.

Nakamura, Takafusa. (1993). *The Japanese Economy: Its Growth and Structure* (3rd ed.) (Nihon Keizai Shi: Sono Seicho to Kozo). Tokyo: University of Tokyo Press.

Nakamura, Takafusa. (2003). "The Age of Turbulence: 1937－54." In Takafusa Nakamura and Konosuke Odaka (Eds.), *Economic History of Japan*. Vol. 3, *A Dual Structure*. Oxford: Oxford University Press.

National Bureau of Statistics of China. (2001). *China Statistical Yearbook 2001*. Beijing: National Bureau of Statistics of China.

Nurke, Ragnar. (1944). *International Currency Experience*. Geneva: League of Nations.

Odaka, Konosuke. (1989). "The Trace of Growth (2)" (Seicho no Kiseki [2]. In Yasukichi Yasuba and Takenori Inoki (Eds.), *Economic History of Japan* (Nihon Keizaishi). Vol. 8, *High Growth*. Tokyo: Iwanami Shoten.

Ohkawa, Kazushi, and Henry Rosovsky. (1973). *Japanese Economic Growth*. Stanford: Stanford University Press.

Ohkawa, Kazushi, Tsutomu Noda, Nobukiyo Takamatsu, Saburo Yamada, Minoru Kumazaki, Tuichi Shionoya, and Ryoshin Minami. (1967). *Estimates of Long-Term Economic Statistics of Japan since 1868.* Vol. 8, *Prices.* Tokyo: Toyo Keizai Shinposha.

Ohkawa, Kazushi, Nobukiyo Takamatsu, and Yuzo Yamamoto. (1974). *Estimates of Long-Term Economic Statistics of Japan since 1868.* Vol. 1, *National Income*. Tokyo: Toyo Keizai Shinposha.

Persaud, Avinash. (2004). "When Currency Empires Fall," 11 October, Available at <http: //www.321gold.com/editorials>.

Redish, Angela. (1990). "The Evolution of the Gold Standard in England." *Journal of Economic History* 50, 789—805.

Roosa, Robert. (1967). *The Dollar and World Liquidity*. New York: Random House.

Salant, Walter S. (1966). "Capital Markets and the Balance of Payments of a Financial Center," In William Fellner, Fritz Machlup, and Robert Triffin (Eds.), *Maintaining and Restoring Balance in International Payments* (pp. 177—196). Princeton: Princeton University Press.

Sayers, Richard. (1976). *The Bank of England*, 1891 —

1944. Cambridge: Cambridge University Press.

Schenk, Catherine R. (2004). "The Empire Strikes Back: Hong Kong and the Decline of Sterling in the 1960s." *Economic History Review* 57, 551—580. Servan-Schreiber, Jean Jacques. (1967). *Le Défi Américain*. Paris: Denoel.

Shimomura, Osamu. (1971). "Keeping the Parity Should Be the Principle of Economic Policy" (Heika Iji koso Keizai Seisaku no Kihon dearu). *Shukan Toyo Keizai* (special issue), 30 August, 43—52.

Shinohara, Miyohei. (1959). "Liberalization and Exchange Rate of 360 Yen" (Jiyuka to 360 Yen Reto). *Ekonomisuto*, 10 November, Reprinted in *Japan and the World Economy* (Sekai Keizai to Nihon) (pp. 22—30). Tokyo: Chikuma Shobo.

Shultz, George, and Kenneth Dam. (1977). *Economic Policy beyond the Headlines*. Stanford: Stanford Alumni Association.

Smit, Carel Jan. (1934). "The Pre-War Gold Standard." *Proceedings of the American Political Science Association* 16, 53—56.

Solomon, Robert. (1968). "A Two-Tier System: Permanent or Temporary?" Address to the Banking and Finance Seminar, Oklahoma State University, 18 November.

Solomon, Robert. (1977). *The International Monetary System1945—1976*. New York: Harper & Row.

Summers, Lawrence. (2004). "The United States and the Global Adjustment Process." Third Annual Stavros S. Niarchos Lecture, Institute for International Economics, Washington, DC, 23 March.

Takanashi, Kamekichi. (1971). "Yen's Revaluation" (En Kiriage). *Mainichi Newspaper*, 4 May.

"Taking the Fun Out of Currency Speculation." (1964). *Business Week*, 14 March, pp. 132—133.

Tavlas, George. (1997). "The International Use of the U. S. Dollar: An Optimum Currency Area Perspective." *World Economy* 20, 709—747.

Toniolo, Gianni. (2005). *Central Bank Cooperation at the Bank for International Settlements*, 1930 — 1973. New York: Cambridge University Press.

Triffin, Robert. (1947). "National Central Banking and the International Economy." *Postwar Economic Studies* 7, 46—81.

Triffin, Robert. (1964). "The Evolution of the International Monetary System: Historical Reappraisal and Future Perspectives." Princeton Studies in International Finance No. 12, International Finance Section, Department of Economics, Princeton University.

Truman, Edwin M. (2005). "Comment on the Future of Central Bank Cooperation." Manuscript, Institute for International Economics, 20 June, available at <http://www.iie.com>.

U. S. Congress. (1982). *Report to the Congress of the Commission on the Role of Gold in the Domestic and International Monetary Systems*. Washington, DC: Government Printing Office.

U. S. President (1984). *Economic Report of the President*. Washington, DC: Government Printing Office.

Williams, David. (1968). "The Evolution of the Sterling

System." In C. R. Whitlesey and J. S. G. Wilson (Eds.), *Essays in Money and Banking in Honour of R. S. Sayers* (pp. 266—297). Oxford: Oxford University Press.

Wilson, Charles H. (1941). *Anglo-Dutch Commerce and Finance in the Eighteenth Century*. Cambridge: Cambridge University Press.

Yamazawa, Ippei, and Yuzo Yamamoto. (1978). *Estimates of Long-Term Economic Statistics of Japan since 1868*. Vol. 14, *Foreign Trade and Balance of Payments*. Tokyo: Toyo Keizai Shinposha.

Yasuba, Yasukichi, and Takenori Inoki. (1989). "An Overview: 1955 — 80." In Yasukichi Yasuba and Takenori Inoki (Eds.), *Economic History of Japan*, Vol. 8, *High Growth* (Gaisetsu, 1955—80 Nen, Nihon Keizaishi) (pp. 1—56). Tokyo: Iwanami Shoten.

索引

（主题词、术语和专名英汉对照，所标页码暂为英文原版书的页码，对应译稿每页边码）

译者后记

翻开一本译著，除了目录和前言，有些读者偶尔先读译后记，再看全书；有些则是读罢全书，再看后记；肯定也会有这样的人，丝毫不去理会这些似乎是附丽于原著的点缀，而只是面对佳作感叹道：“写得真好！”或是因为阅读体验不佳，给个差评：“译得真烂！”只是和原作者不同，译者不能挑剔读者。因此，这篇译后记也只是写给读到了它的朋友们，而不会计较是蒙恩先读，还是趁着阅遍全书后的余兴。

译后记写于译者完成翻译之后和译著出版之前。有人说，发表和出版是为了避免永无休止的润色和修改。原著可以那样讲，译著却不敢这么说。因为原著是一种完成时态的定型作品，而作为一本著作在另一种语言中的重写，译著在本质上将永远是未竟的工程，始终处于完成进行时态。恰恰是由于这个缘故，酝酿并写下短短一篇译后记的用时，甚至会超过翻译本书中的任何一章，因其肩负着为译著划上最后一个句号，并提醒读者莫要错过一本好书的使命。考虑到这本著作的价值和能够提供给读者诸君的帮助，为此花些时间还是值得的。

一、雅俗共赏的名家之作

您阅读的这本《全球失衡与布雷顿森林的教训》，是一部篇幅短小而含义丰富的名家之作。其主题是，当今的国际货币与金融体系并不是复兴的布雷顿森林体系；在全球失衡的背景下，目前的汇率格局和国际收支失衡状态不可能长久持续下去；包括中国在内的一些国家，在实现汇率安排转轨方面应吸取历史的经验和教训；国际储备货币的竞争将出现新的格局；当前应抓住对全球失衡进行平稳调整的契机，采取适当的措施巩固和改革国际货币与金融体系。

此书虽然是国际货币金融史领域内的一本专业著作，但写得深入浅出、富于文采，因而可以适合广大读者，雅俗共赏。书中对重要历史事件细节的考证、钩沉和还原，简约而严谨。对国际货币与金融体系制度安排历史巨变的分析，含而不露地坚持了以学理为支撑，而没有像一些欠缺理论基础的通俗读物那样滑向阴谋论的泥淖。同时，作者始终保持着对国际经济现实格局的关怀。只有仔细阅读历史，才能真正弄清历史的政策含义。当我们总结布雷顿森林体系的教训，分析当前全球失衡问题的深层原因，进一步推动和深化自身的金融改革，积极探索巩固和改革国际货币与金融体系的有效途径时，本书提供了可以用来穿越历史的一个窗口，从而让我们能够鉴往知来，从中受到启发和鼓舞。

原作者巴里·艾肯格林先生是美国加州大学伯克利校区的乔治·C. 帕迪与海伦·N. 帕迪教席经济学与政治科学教授，美国人文与科学院院士。他还兼任美国国家经济研究局（NBER）、英国伦敦经济政策研究中心和德国基尔世界经济研究所等机构的研究员。艾肯格林教授曾担任国际货币基金组织的高级政策顾问、彼得森国际经济研究所学术顾问委员会主席，也曾是经济史学会的会长。他的主要研究领域是国际货币金融体系演变史和金融危机理论，并擅长对亚洲金融市场、外汇制度和国际经济政策史的研究。

因其在国际经济与金融史方面的教学实践和研究成果，艾肯格林教授曾获得多个奖项，这包括经济史学会乔纳森·休吉斯杰出教学奖、伯克利加州大学社会科学部杰出教学奖和国际熊彼特学会熊彼特奖等。

艾肯格林教授著述颇丰，比较有代表性的著作有《黄金镣铐：金本位与大萧条 1919—1939》（牛津大学出版社 1992 年版）、《资本全球化：国际货币体系史》（普林斯顿大学出版社 1996 年、2008 年版）、《资本流动与危机》（麻省理工学院出版社 2002 年版）和《嚣张的特权：美元的兴衰和国际货币体系的未来》（牛津大学出版社 2011 年版）等书，其中有些已被翻译为中文引进出版。《全球失衡与布雷顿森林的教训》（麻省理工学院出版社 2007 年版）是国内引进出版的又一本艾肯格林教授的著作，也是原作者所擅长的国际货币史研究领域中的成果，确系名家之作。

本书虽然篇幅不长，却是一部内容充实的著作，称得上小册子传达了大启示。首先，作者带领我们穿越有关布雷顿森林体系的历史，还原了当时的全球经济格局和货币制度安排的演变过程，分析了当前的国际货币金融体系和 20 世纪 60 年代的情况之间的重大差异。接着，书中以黄金总库为专题，详细描述了为管理和维护布雷顿森林体系所进行的国际努力，直至黄金总库山穷水尽、风流云散的那个惊心动魄的历史时刻为止，进而解释了这个支撑汇率体制的基础性制度结构何以走向了崩溃。然后，以日本为例，探讨如何从钉住货币的固定汇率制转变为浮动汇率制，并以中日两国的情况做比较，指出中国在提高汇率灵活性的改革方面应吸取日本的经验和教训。最后，从较短历史时期的分析再次返回到长时段的主题上来，即回顾从英镑时代到美元时代的过渡进程，探讨国际储备货币竞争的发展史所能揭示的深层含义，并论及人民币的成长所面对的巨大障碍。

从以上这些内容不难看出，本书不是那种意在构建宏大框架的金融史书，而只是选取了具有重要现实意义的几个专题。然而，作者对研究专题的精心选择和布局，显然有成体系的研究基础作为支撑。因此，从某种意义上讲，这是一本具体而微的现代国际货币体系史。诚如评论者所言，“本书的内容要比书名的含义丰富得多。”那些尚未阅读过艾肯格林教授的《资本全球化：国际货币体系史》的读者，可以优先选读这本书。而已经读过那本书的读者，则可以在《全球失衡与布雷顿森林的教训》中，就上述四个研究专题获得更为精深的历史知识和分析结论，还能够从中深刻地了解到，作者如何运用国际货币金融体系史方面丰富的史料和研究成果，回应学界争论和现实中的挑战。由此，读者们可以进一步思考如何应对当前的全球失衡，如何改革国际货币体系。

本书是一部深入浅出、雅俗共赏之作。这本著作各章大多以作者此前撰写和发表的专题研究论文为基础，其部分较早的版本也曾分别在英国和阿根廷等国家的一些大学讲坛或学会年会上做过试讲。对比不同版本的原始文献可以发现，在收入这本书时，作者对一些章节做了修订、改写和补充。例如，关于日本汇率制度改革的专题论文本来技术性就稍强一些，但后来在正式发表稿的基础上，作者增加或充实了有关中日比较的内容，最后成为本书的第 3 章。有关国际储备货币竞争发展史的第 4 章，改写自作者在经济史年会上所做的讲座。而第 1 章和第 2 章即关于布雷顿森林体系和黄金总库的两章，寓分析说理于历史描述之中，在语言上具有鲜明的演讲风格，真可谓文采斐然。另外，在部分章节中，作者对美英两国及国际清算银行历史档案资料的使用，选材精当，从不拖泥带水，叙述、分析和议论都相当节制；既关注历史巨变关键时刻的有趣细节，又能把握拨开云雾还原历史真实的分寸感。关于历史上重要经济事件的政治和社会背景，在绝大多数情况下，作者都是点到为止，而没有添加任何多余枝蔓。以上写作特点和文献学特征，使这本书做到了深入浅出，既能够用作经济金融类专业人士的研究参考资料，也同样能够吸引对这一领域感兴趣的普通读者。

这本著作又是一部发人深省之作。美国的一些经济难题是否可以归咎于中美之间的失衡？或者，反过来问，中国的一些经济问题是否可以归咎于美元霸权和中美经济失衡？中美之间的双边失衡会一直持续下去吗？中国应如何深化汇率制度的改革？怎样认识金融市场的发展与人民币的国际化？在什么样的条件下，人民币才有可能成为国际储备货币竞争的一个合格参与者？在思考这些问题时，简单的历史类比和比附往往会使人误入歧途。而对历史的无知或片面化理解，则常常会产生无论魏晋、不知有汉的荒诞主张。诚然，本书在一些章节中虽多次谈到中国的情况，但终究不是专门研究中国问题的著作，没有直接为上述问题提供答案。然而，难能可贵的是，作者始终秉持客观的态度和清明的理性，认定美国的经济难题主要源于美国自身，中美之间的失衡有可能通过有效途径得以实现平稳调整。更重要的是，这本书告诉我们，在进行历史类比时，要认真仔细地解读过往的一切，由此才能洞悉历史经验与教训的政策意涵。艾肯格林教授善意地提醒我们，在思考中国应如何影响当前的国际货币与金融体系的改革时，应当学会正确地理解和运用布雷顿森林体系走向瓦解那段历史的演进过程与经验教训。在当前的语境下，也许这正是我们在研究上述问题时，本书所具有的独特价值和深远意义所在。

二、翻译的新尝试

在本书的翻译过程中，结合遇到的新问题，译者做了一些新的尝试。在此略作说明。

首先，译文力求在文体风格上尽量贴近原文，而在具体的文字表达上更切合中文读者的阅读习惯。译者此前虽然也译过经济史方面的著作，但绝大部分的翻译经验大致属于议论性和说理性的文体范围，集中翻译以叙述性和描述性内容为主的金融史研究文献，对我而言是一次很有新鲜感的经历。前面曾提及本书部分章节的演讲风格，中译文在相应章节的文体上尽量贴近和再现了这种风格。和议论说理性学术文本的翻译讲究极度忠实，甚至不惜达到亦步亦趋式的拘谨程度相比，叙述和描述性的文本在翻译时更讲究文体风格上的忠实，也将考验叙述语言的趣味性和韧性，译笔的灵活性会更大一些。译者充分意识到了这一点，在翻译这本书时也是这么做的，译者力求做到既忠实于原文的文体风格，也充分尊重中文读者的阅读习惯。原文中个别几处文学性较强的句子，译文中也设法做了相应的处理。此外，涉及马克思等人的隽语引文，有些虽有流传甚广的译法，但译者没有照单全收，而是尝试了更加符合原文风格的译法。总之，相比译者此前的译著，本书的译笔更为流畅，译文更有趣味。

其次，中译本添加了相当数量的译者注释，力求为读者扫清阅读中可能遇到的历史知识障碍，并尝试提供更为宽阔的文本解读空间。作为一部国际货币金融史著作，原书虽风格明快、文字简约，但行文仍是旁征博引，涉及众多重大历史事件和重要历史人物。对这些知识点，原书多是一语带过，不做说明和解释。译者不揣冒昧，借助工具书和参考资料，对此略作补注，敬祈作者和读者见谅。原书正文及注释中还涉及众多经济学家，翻译完全书之后，译者择其要者又略作了一些补注。完成这项工作后适才发现，补充的这些注释资料似有助于读者深化对原书内容的理解，有些甚至可能成为进一步做文献追踪研究的线索。译者冀求这份卑微的努力能够得到读者诸君的认可。

此外，还有一部分译者注释的内容是对翻译处理的补充说明。其中，有些只是单纯地言及翻译技巧和对不同译法取舍的考虑，有些则涉及英文原著中存在的漏印、误排、引证讹误、数据出入等问题。对上述许多问题的处理和解释，尤其是其中特别关键之处，或是已查证了原著引述的原始文献，或是由译者向原作者去信请教和咨询，并得到了他的解释和帮助，或是同时采用了这两种方式以相互佐证。相应的译者注释中对此都做了明确的说明。作为译者，我很高兴能够通过这些做法，提高本书中文版的文本质量，避免重复英文原版书中的纰漏。

三、学术翻译：巴别塔的越狱者

圣经中说，耶和华见天下人操着同样的口音言语，竟要联合起来建造城池和通天的高塔，于是变乱了他们的口音，使其言语彼此不通。他们从此分散开来，不再建造城和塔了。半途而废的这座塔，遂被称为“巴别塔”。亵渎和冒犯上帝的巴别塔，虽然被先知们用作恶势力的象征，亦是文学中“空想”或“混乱”的喻体，但在有关语言现象的神话思维层面上另有深意。不同民族言语不通，既是上帝的惩罚，也使无法理解和沟通的人类各个族群，散落为相互隔绝的孤岛。人类是巴别塔的囚徒！

巴别塔是语言歧异和理解障碍的绝对性之隐喻。理解的障碍其实不只存在于不同族类各异的语言之间，甚至是讲着同一种语言的人们，常常也不能彼此理解。尽管如此，更令人惊奇的是，如此易于头脑僵化、心胸狭隘而又盲目自大的人们，为什么又能够弄懂用不同的语言表达的深奥复杂的思想，从而表现出挣脱耶和华的惩罚的希望？

巴别塔因语言的变乱而停工，残破的塔身却一直是思想的牢笼。人类是巴别塔的囚徒，而译者（翻译家）则是这座囚牢中沉默不响的越狱策划者和实施者。有形的通天塔被废弃了，但要从无形牢笼的束缚中真正地解放出来，还需要有一座座沟通不同种族、连接上帝与人间的桥梁。译者同作者一道，被指定为打破束缚后建造那些桥梁的总工程师。到底要有何种机缘和幸运，才能让一个稚弱的生命有机会蒙受恩宠，赤足走在这条光荣的荆棘路上?!

译者是巴别塔的越狱者和心灵之桥的建造者。没有他们的劳动，人类只是彼此隔绝的部落孤岛。因此，普希金说，译者是人类精神的传递者。鲁迅曾说，在文化的意义上，翻译家是盗火的普罗米修斯。没有翻译家的努力，文化和文明就没有沟通、交流和进步的可能。

在各类翻译活动中，学术翻译及其成果的传播又具有特殊的价值和意义。如果说翻译的本质是“重写”，那么，学术翻译的核心就是“研究＋重写”。在一个社会发展已知和探索未知的创新性社会学习过程中，学术翻译具有重要作用。学术翻译及其成果的出版传播，是以译者个人的研究、学习和创造性转化过程，推动整个社会学习周期的运转。原作者在源语言学术界取得成果的步骤包括：学习、研究、吸收、创新、写作（扩散和传播）。译者的工作过程则包括以下步骤：在源语言语境中对原作的学习、在源语言和目标语言双重语境中对原作的研究和吸收、在目标语言语境中对原作的重写（创造性的再创作）。译入语（目标语言）学术界对译著的社会学习过程主要包括以下步骤：学习、研究、批评、借鉴、吸收、创新。在包括了借鉴学术翻译成果的社会学习周期中，译者的“研究＋重写”过程是推动学术界进入新一轮社会学习周期和从事知识创新的枢纽。

在译入语（翻译的目标语言）学术界社会科学知识的创新过程中，学术翻译是关键环节之一，是沟通不同语言学术界的重要桥梁。具有创新性和重要意义的学术翻译活动，因其打破了浩瀚的知识海洋中单一语种学术群落的封闭属性和孤岛状态，往往能够成为促进和开创新的学术创新活动的起点与推手。中国社会科学的发展要想真正达到国际先进水平，具备全球视野和世界格局，学界中人先要在学术修养上努力达到这一要求。为了做到这一点，除了在个人层面，学者要加强学习，提高研究水平之外，在社会层面上，则应高度重视学术翻译的价值和贡献。从事学术翻译时，翻译家们毕竟不是在为自己做翻译啊！成功的翻译，首先能促进原作跨越时空限制的传播，从而为其赢得更多的读者；其次，也是最重要的，乃是为学术同行和广大民众，提供新的思想资源和学术观点，确立表达和阐述这些思想观点的学术范畴，创造性地移植可以在译入语的学术语境中生根发芽并不断成长的系统化知识。

假如没有系统的学术翻译，学习和吸收异质的先进文化、打破思想樊篱和封闭隔绝状态的努力，充其量或者只是少数学者偶发的、分散的个人行为，或者只是局限于精通外语和国际学术规范的知识精英阶层的小众化专业行为，同时，在很大程度上，与母语思想界和社会公众保持严重的隔膜。只有系统、广泛而深入的学术翻译，借助出版、教育和媒体的共同努力，才能使跨文化、跨语种、跨国界、跨越社会阶层的思想传播，成为一种高度社会化的行为，甚至可以成为蔚为壮观的组织化、制度化的文化行动，服务于学术同行，造福于广大民众，从而促进教育、科学和文化事业的发展与进步。

然而，在现实的学术政治环境下，学术翻译的研究性质常常被否认，译著很少被看成学术研究成果；其重写的本质，更是被普遍漠视和蔑视；无视译者的主体性是普遍的偏见。

成就斐然的日本文学翻译家、作家林少华教授，以村上春树的《挪威的森林》为例，语带调侃地揭示了有关创作、翻译和研究学术评价的大学政治现实。他是这样说的，“在大学这个行当，创作《挪威的森林》不算成果，翻译《挪威的森林》也不算成果，只有研究《挪威的森林》——论文也好专著也好——才算成果。”在这一点上，学术翻译和文学翻译同是天涯沦落人。出路何在呢？美国翻译家葛浩文（Howard Goldblatt）曾在他的《写作生涯（The Writing Life)》一文中谈及他的翻译观。他是萧红研究专家，中国当代文学英译——特别是莫言作品英译的关键推手，同瑞典的陈安娜等其他几位重要译者一样，对莫言获得诺贝尔文学奖可谓居功至伟。他写道，既然翻译是个吃力不讨好的苦差事，为什么还要做翻译呢？“最简短也是最个人化的回答是，因为我喜欢。我喜欢读中文，我喜欢写英文。我喜欢翻译的挑战性、模棱两可和不确定性。我喜欢创造性和忠于原著之间的冲突，甚至是不可避免的妥协。”“易言之，我译故我在（I translate to stay alive)。”

可见，翻译要想做得好，译者就不得不超越于既定的学术评价体系，因为翻译活动本身还没有被很好地纳入到既定的制度体系之中。在那些坚持做学术翻译而且卓有成就的当代学者身上，依稀可见译界先贤鸠摩罗什、法显、玄奘、严复和徐梵澄等大家的影子，同样有一股从学生到学者、再到“学僧”的劲头儿！

译入母语的学术翻译活动，既可以丰富母语学术界的思想资源，也能够保持学术创新的活力，进而捍卫母语作为一种学术语言的地位。结合当前的现实，我们也不难联想到与中文（汉语）的学术语言地位有关的一些重要问题。

例如，在非语言类的高等教育专业课教学中，尝试和推进中外双语教学似已变成一股潮流。然而，需要注意的是，必须明确这一崭新实践的宗旨和目标，并要服从和服务于提升中文（汉语）作为教育和科学研究的学术语言的地位这个任务。吸收国外学术界的科学成果，培养精通中外双语的专业人才，跟踪国际学术界的前沿，并不是要矮化甚至取消中文作为学术语言的地位。在努力提高外语教学水平的同时，由中方主办或作为主要参与方的教育培训项目和国际学术会议，应坚持以中文作为工作语言。中文（汉语）是我们的母语，在教育和学术场合，尤其是在以我为主的情况下，假如连我们自己的官员和学者都不热爱、尊重和使用母语，人家为什么要学习你的语言呢？那些获得过诺贝尔奖的华人科学家和作家，坚持在诺贝尔演讲中使用中文，即使现场没有人听得懂中文，也要坚持这么做，完全是基于文明的尊严和文化意识上的自觉，值得高度赞赏。

此外，近年来推行了中国学术走出去战略，鼓励中文学术成果的外译。鼓励外译的想法很好，但相应的措施还有待于进一步完善。真正需要做的应是设计好相应的制度和政策，鼓励国外翻译界介绍、推广和翻译中国的中文学术成果，遴选出真正出色的国外译者并给予适当资助和奖励。本人赞同一些翻译家的观点，即中国翻译界的任务主要应是把外文著作译成中文，而不是相反。读外文，写母语，即把外文著作译入母语，这是翻译界的通行做法；因为所有译者都只能是扬长避短，尽量发挥在母语学界中的外文能力比较优势，最大限度地发挥在国际学界中的母语能力绝对优势。

总之，必须把译入母语的学术翻译活动，提高到捍卫母语学术语言地位的高度，在这一高度上来认识学术翻译的文化意义。一个国家或民族的学术翻译水平越高，越是能够巩固其官方语言的学术地位，使之足以胜任任何学科、任何专门领域的教育和科学研究任务。反之，一个国家或民族的学术翻译水平越低，其学术界与国际学界的隔膜越深，久而久之，其官方语言甚至会丧失作为一种用于教育和科研的学术语言的资格，因为人们会发现，使用这种语言甚至根本无法讨论严肃的学术问题，尤其是前沿性的学术问题。同时，在进行学术评价时，理应完全基于学术成果自身的价值和贡献，而不应当实行语种歧视，更不应当自我矮化，贬低同一学术成果母语版本的学术价值。

虑及学术翻译事业的发展，有些现象难免让人忧虑和惆怅。

由于学术翻译的大环境不佳，翻译市场在一定程度上呈现畸形发展的态势。一般而言，成为译者并没有严格的学术或专业资格要求，但学术翻译其实是个例外。非学术性的翻译工作可以由翻译公司和职业译者来承担，而学术性翻译通常是由具备较为精深的专业知识的兼职译者来承担，涉及学术前沿的专业著作则最好是交给专家型的译者。

然而，在学术翻译市场上，一方面，翻译的初学者大量涌入，但出版者对此常常缺少必要的鉴别和筛选过程。初学者的涌现本身未必一定是坏事，若善加引导和栽培，甚至可以成为一桩好事，发现和培养一批年轻的学术翻译人才。然而，在专业性纸质出版物市场趋于萎缩的大背景下，出于控制成本等方面的考虑，出版者对学术翻译服务的价格信号十分敏感，对这项服务的质量水平却极不敏感。很多人甚至错误地以为，只要外语水平尚可，又能说会写中国话，大致就可以做学术翻译了。由此，学术翻译领域变成了几乎没有任何门槛的市场，廉价的译者似乎唾手可得。

另一方面，成熟的优秀译者大多数往往不得不退出学术翻译市场。进门容易，但真正地登堂入室，得窥学术翻译之堂奥，却殊非易事；在自身学养和研究水平方面能够不断进步，并且还能把学术翻译一直坚持做下来，那就更难了。学术翻译所面对的本来是高度差异化的专业性知识产品，按理说筛选译者时，翻译质量的竞争应是出版方考虑的主要方面，但不幸的是，在当前的出版市场和企业内部绩效考核的压力下，翻译价格竞争往往成为权衡取舍译者的第一要件，翻译质量至少变得不那么重要了。或者，更准确地说，在成本控制与质量保证的两难权衡中，天平的指针偏向了成本一侧。资质条件好的优秀专业译者，他们在分配时间和精力时，面对的则是另一种权衡：是完全专注于教学和科研，还是多少兼做一些学术翻译呢？在生存压力、同侪竞争和学术成果认定等多重挤压下，本来可以为学术翻译事业多做贡献的学者们，其天平的指针只得偏离学术翻译这一侧。还在无望中坚持的优秀译者们，在做学术翻译时，则大多是抱着几分殉道者的态度。

当读者朋友们买到质量不佳的译著时，您觉得这种事该怨谁呢？反正在目前的状态下，针对学术译著质量的批评之声不绝于耳，读者自然是不满意，而出版社、编辑和译者又无一例外地都觉得委屈。大家全都陷入了同一个囚徒困境里，译著市场几乎要变成劣等品市场了。

值得欣慰的是，一些富有远见卓识和社会责任感的出版社，不惜牺牲商业利润，坚持引进出版优秀的学术译著，并视之为一项必须坚持做下去的公益事业。近年来，出版社纷纷转企改制，严格实施成本管理，强化利润指标的导向性，这些似乎都是出版机构企业化和出版产业化的题中应有之义，除了把每名编辑当做利润中心的做法颇多可议之处，以及针对编辑个人的成本控制和利润考核等办法大多极不成熟之外，大方向上本无可厚非。然而，从社会角度来看，一项意义深远的事业，若想要发展得可长可久，就不能完全寄望于出版社不计成本与得失的公益心，不能只是依靠学术翻译殉道者们的激情和奉献。毕竟，出版社在商言商，市场压力自不待言；而只能秉烛夜耕学术翻译这块无望梦田的学者们，顿顿吃些干草，总共又能挤出几斤奶来？因此，无论是对出版社来讲，还是对译者而言，学术翻译都已成为一项机会成本极高而市场回报基本为负的事业。

学术翻译遇到的难题还不止这些。国内绝大多数出版者甚至不把译者真正视为译著的著作权人。许多出版机构很少与译者签订译著图书的出版合同，而只是签订委托翻译合同。同时，在格式化的合同文本中，千方百计地模糊甚至抹杀译者作为译著著作权人的权利主体地位。个别出版社以坚持自己的出版惯例为托辞，一贯拒绝把译者的名字印在译著的封面上。这类做法不论出于何种借口，其实质都是对翻译劳动内在价值的贬损，对译者著作权的公然践踏。归根结底，译者还没有被人们普遍地视为作者，而只是被当成文字转换的工匠、纸面上的“舌人”。

为了促进学术翻译事业的繁荣发展，国家、社会、出版界和译者都要付出更多的努力。

首先，国家应充分认识到学术翻译在传播和吸收人类文明的先进成果、促进自身的文化繁荣、支持学术创新和学科发展、捍卫母语作为学术语言的地位等方面的重要作用，进一步明确学术翻译事业的公益属性，在学术译著的出版、翻译学科建设、学术翻译人才的培养和翻译成果的学术价值评定等方面，为学术翻译活动创造宽松环境，提供大力支持，并使相关政策措施体系化、制度化，尤其是应当对出版优秀学术译著的出版机构和译者给予资助。

其次，社会各界应以多种不同形式肯定和褒扬学术翻译的价值，帮助和支持学术翻译事业的发展。在国际上，文学艺术作品的翻译推广，一般是由源语言国家的政府和社会组织给予资助；而学术性翻译，则通常是由翻译的目标语言（译入语）国家的政府和社会组织提供资助。确有怀抱学术理想的社会组织，致力于促进专业性学术思想的跨国传播，但其支持措施一般仅限于在学术专著的翻译授权方面给予版权收费的减免，而通常不会再给予额外的资助。在目标语言国家，除政府力量之外，以促进学术研究和致力于学术推广为宗旨的社会组织，理应资助学术翻译及其出版和传播活动。

再次，出版界在提高学术翻译出版水平方面还有许多工作可做。

利润既是商业性机构的生存基础，在一定程度上，也体现着一个企业在物质财富方面对社会的贡献。然而，出版业的独特性在于，其产出是知识产品和精神财富，其产品既是出版业者创造物质财富的手段，也是体现着出版活动最终目的和最高宗旨的物质载体，甚至本身就是出版目的所在。一家出版机构若想在市场上长久生存下去，没有利润不行，利润水平太低也不行；但是，如果想要赢得人们的尊敬，仅有码洋和利润数字是远远不够的。

在出版社维持生存、谋取利润、谋划发展和积累无形资产等方面，每一条产品线、每一个产品组合所发挥的作用是不一样的。因此，在其产品线管理和产品组合设计中，出版社可以为每本书设定成本控制目标，但不能为所有的书都设定利润指标。同理，每一位编辑人才的人力资本特征存在很大差异，不能仅用利润指标这一把尺子量人。必须充分意识到，有些赚取利润的出版活动是在消耗出版社的无形资产，有些看似没有直接经济效益的选题却是在增加无形资产。出版优秀的学术专著和学术译著，至少是专业性出版社实行差异化竞争，增加和积累知识资产，提升核心竞争力，赢得市场和社会双重认可与尊重的重要战略手段。此外，在优秀引进版图书的评选和市场推介、积极健康而富有建设性的学术翻译批评等方面，出版界也可以开展许多有益的活动。

能够登高望远的出版家，也会把优秀作者和优秀译者视为堪称精品的出版内容的提供者，出版事业发展的战略资源和长期合作伙伴，以对译者著作权和学术翻译劳动价值的充分尊重为前提，遵循著作权法的立法精神，以适当的制度安排，巩固双方的合作关系，积极筹划学术翻译出版事业的永续发展。

最后，学术翻译虽然常常是专家们和专业人士的兼职翻译活动，我们这些译者还是应当努力提高自身的专业素养、研究水平和翻译水准，特别是在工作的责任感和使命感、翻译质量的控制以及交稿的及时性等方面，一定要表现出更好的职业精神。非如此不足以赢得我们所长久期盼的理解和尊重。

无论是作者、译者、编者和出版者，还是广大读者，但愿我们都能够深刻地理解学术著述和学术翻译的内涵和价值，对书籍始终抱有一种神圣感——这既是出于对真理的信仰和对知识的热爱，也是因为对人类相互理解的可能性和进行创造性活动的潜能保持信心，但绝对不要成为权威的盲目服从者。让我们每一个人都可以成为思想的鉴赏家、知识的应用和实践者以及新知的创造者。

四、鸣谢

每部译著皆有殊胜的因缘，本书也不例外。东北财经大学出版社社长方红星教授是这本译著的出版人，他给予了译者以宝贵的理解和慷慨的支持，宽宥了我的一些执念，使我能够有幸在自己母校的出版社出版这本书。他对优秀译著选题的支持体现了学者的道义担当和出版家的远见卓识，为学术翻译和译著出版事业创造了宽松的空间，令人感佩。国际合作部主任李季博士是本书的责任编辑，她为译者提供了周到细致的业务指导，也对交稿时间一再延宕给予了同情和谅解。她的耐心、坚持让我肃然起敬。王宇博士以其独到的学术眼光选定了艾肯格林教授的这本书，并热心地推荐我来做译者，这使我能够有幸与这本好书结缘。他拥有扎实的学养，在国际货币金融领域素有研究专长，再加上他的热忱诚挚，让我幸运地结交到一位可以讨教和值得信赖的朋友。为了玉成此书的这份殊胜的因缘，恭请这几位朋友接受我发自深心的崇高的敬意。

完成全书初译稿之后，就翻译中遇到的问题和对原著的几处疑问，译者和巴里·艾肯格林教授取得了联系。非常感谢艾肯格林教授不厌其烦地一一作答，他的支持和帮助使中译本得以避免英文原版中的错漏，也纠正了译者对原文的两处错误理解，从而防止了我的误译。应译者之邀，艾肯格林教授为此书中文版撰写了导言，其内容既涉及英文原书出版之后国际经济金融形势的变化和最新发展，也点明了本书主题和当下中国语境之间的内在联系，从中也可以看出艾肯格林教授对中国读者的重视和尊重。这篇导言有助于中国读者深刻理解这本书的主旨，为我们进一步思考和研究中国问题指出了有益的分析视角和拓展空间。感谢他的热忱帮助，这份帮助既是赐予译者的，更是给予并惠及广大读者的。

在译书过程中，还有几位朋友提供了非常特殊而宝贵的专业咨询和协助。中国工商银行总行金融市场部的周可先生、贵金属业务部的曹琦玮先生和公司业务部的张鹏先生，他们在金衡和黄金知识方面为译者提供了特别专业的咨询和指点。中国社会科学院拉丁美洲研究所的杨志敏研究员在西班牙语专名的翻译方面给了我帮助。我的同事、社科院财经战略研究院的姜雪梅博士，当时正在美国访学，适逢暴风雪肆虐的季节，她克服了种种困难，热心地为我查到了在国内遍查不得的一篇引述文献——罗伯特·特里芬出版于1964年的一本小册子，从而据以修正了本书的一处引证数据。感谢这些朋友提供了不同形式的帮助，你们的博学和乐于助人的精神，让我受教、受益并感动。当然，中译本中的任何欠缺和不足之处，理应由译者担负全责。

本书翻译即将完成之际，李季主任传来了此书成功申请到国家出版基金资助的好消息。东北财经大学出版社 2013 年度的“当代财经管理名著译库”出版计划，被国家出版基金管理委员会确定为该年度国家出版基金资助项目。热烈祝贺！我们这本译著也忝列其中，真是深受鼓舞，与有荣焉。没有放弃社会责任的出版社在引进出版学术译著时大多是在赔钱。国家支持文化产业发展，设立了国家出版基金，意在鼓励多出版优秀的学术著作。学术翻译没有被国家遗忘，国家出版基金开始资助学术译著了，这是出版界和学术界共同的新希望，也为怀有公益之心、坚持学术追求的出版人以及潜心学术的作者和译者们，显露了一线曙光。因此，我们真诚地感谢国家出版基金对出版这部译著的资助，并要祈祷默默无闻的学术研究和学术翻译事业能够抽枝散叶，开花结果。

五、致敬

我把这部中译本题献给我的导师、尊敬的杨学淇教授。1987年，东北财经大学收留了我，而这所学校是我的高考志愿表中填写的最后一项志愿，假如不是物资经济管理系负责招生的老师发了慈悲心，那一年我将没有任何大学可上。此后七年在这片校园里所受到的教育，成为我日后学术事业发展的起点。1991年，我非常幸运地考取了杨学淇教授的硕士研究生。接下来的三年，是让我感到最为充实的学习阶段。每个星期最期待的，就是到杨老府上讨教的那个午后。即便是在我硕士毕业离开大连之后，杨老也仍然关心着我的每一步成长。20多年过去了，时至今日，杨老仍是给予我启迪最多和影响至深的前辈学者。在为母校出版社翻译的这本书交稿之即，我谨以译者献辞的方式，向尊敬的杨学淇教授致以一名弟子至高无上的敬意！

杨学淇教授生于1922年，出身于天津古镇宜兴埠（今属天津市北辰区）的书香门第。读中学时，他受到从事教育工作的九伯父杨绍思先生抗日爱国的思想教育，决意“逃离沦陷区，奔赴抗战大后方”去读大学。1943年，他和同学一道从北平艰难跋涉到了重庆，又在其家兄杨学通等人的帮助下到达昆明。从1944至1946年，他就读于西南联合大学法律学系；1948年毕业于北京大学法律系，获得法学士学位。

在他刚开始就读于西南联大时，适逢1944年豫湘桂战役中正面战场遭受严重挫折的形势，昆明街头已开始处处可见从沦陷区疏散来的难民。万分危急的形势下，此时的云南也已不再是大后方了。为响应国民政府发出的知识青年从军运动的号召，在这一年的10月下旬至11月底，西南联大安排了联大八年历史上规模最大的青年学生从军动员活动。作为一名以保家卫国和救亡图存为己任的热血爱国青年，杨学淇报名参加了青年远征军。西南联大从军同学于 1945 年 1 月正式入伍后，全部被编入青年军第二〇七师。2 月初抵达印度汀江，他们被确定担任汽车驾驶员，任务是学习驾驶技术，运送美军援华物资。2 月中旬，西南联大青年远征军前往设在蓝姆伽的汽车训练学校受训。受训完成后，他们被编入中国驻印军运输美国援华物资的汽车团。此后，他们先后承担了到加尔各答和昆明等地的军用物资运输任务，直到日军投降、抗战胜利的消息传来。此后，绝大多数从军远征的学生返校继续学业。

关于这段从军远征的经历，杨老只是在写给我的书信中简略提及，不过那也只是一笔带过。根据有关研究资料的介绍和考证，关于他和西南联大的其他同学当年报名参加青年远征军的情况，1945 年 1 月 29 日昆明《扫荡报》、《国立西南联合大学史料》、《国立西南联合大学校史》等均有报道或记载。国立西南联合大学纪念碑（立于原西南联合大学新校舍，即现云南师范大学内；北京大学校园内立有同样的复制石碑）上，在刻于阴面的“国立西南联合大学抗战以来从军学生题名”中，“杨学淇”这个名字也赫然在列。《国立西南联合大学的青年远征军》和《战争与革命中的西南联大》等文献，对西南联大青年学生这次从军活动的背景、过程和特点等有专门的考证和论述，或可作为进一步研究的参考。

除了讨论学术问题之外，杨老和我谈论最多的就是西南联大的旧事。在 2001 年初寄给我的一封信中，杨老写道：“……你寄给我的有关北大、联大的书也时常翻翻。特别是几位我终生崇敬的大师们的诗作文章，看起来仍旧是很激动。真如一本书的前言中所说，‘假如有人问我，一生中最有意义的经历是什么？我会很自然地回答四个字——西南联大。’那时物质生活十分贫乏，有时真的是食不果腹，衣不蔽体；但精神生活却又十分富有。每周常常有几场学术报告、时事述评。师生们都是非常刻苦地学习，自由地发表自己的观点；宿舍里，茶馆里（晚上泡茶馆是联大的一大风景。文林街的茶馆，每晚都是灯火辉煌、高朋满座。有的是一杯清茶，有的则是一碗玻璃——白开水也；有的读书，有的‘胡侃’，有的争论，但很少涉及庸俗的话题，也很少传播街头琐事，多半是国家大事、哲学、文学、各种社会科学的论点和世界大师的新作），各种各样的观点、见解可以尽情地发表、争论，有时意见相同，可以开怀大笑；有时意见相左，争论得面红耳赤。这真是‘联大人’一生中最感畅快的时刻。那种认真的劲头、执着的态度，真的有为真理而死的架式。”抚今追昔，不禁让人生出万般思绪。他说，“想起这些往事，看看今天的大学校园，真的是感慨万千。不树立起好的学风，不打破各种各样的禁区，不真正地解放思想，不把学术问题与政治问题分开，百家争鸣，百花齐放，如果仅仅是口头说说，而不是完完全全、彻彻底底地落到实处，科学的发展就很难在短时期内在世界上领先。”

1950 年代，杨学淇先生曾任职于东北人民政府贸易部、辽宁省商业厅。1962 年调入辽宁财经学院（现为东北财经大学），先后执教于商业经济系、物资经济管理系，历任讲师、副教授、教授，并曾担任教研室和系的领导职务。他还担任过院务委员会委员，兼任东北财经大学出版社副总编辑等职。1987 年离休后，他仍返聘在工商学院继续指导研究生，兼职承担出版社的编辑工作。自 1993 年起，他开始享受国务院颁发的政府特殊津贴。直到 1996 年，他才离开教学岗位。

杨老十分热爱教育事业，非常关心和爱护他的弟子们。在其不同时期不同版本的小传中，他都会郑重地写上，先后培养硕士生

50 多名，本科生不计其数。2000 年的教师节，杨老以一首小诗表达了师者的殷殷心愿：“弟子惜别昼已昏，夜夜梦君报国恩；岁月悠悠春常在，回首苍苍参天林。”

杨学淇教授教学和科研的兴趣主要集中于商业经济学、物资经济学和经济合同法等领域。在其大量的著述中，《社会主义商业经济学》、《中国物资经济学》、《经济合同法概论》、《商业经济法》、《社会主义初级阶段的理论与实践》以及《政治经济学辞典》物价部分辞条，是具有代表性和比较有影响的成果。其中，有多部著作获得了荣誉奖项。值得一提的是，他还为普通读者撰写了《十法六例浅说》和《以法治商》等多种科普读物。

“不近奢华耐寂寞，洁身自好始育人。”给人留下深刻印象的是，他对自己认定正确的学术观点十分坚持，不会因为来自其他方面的压力而曲学阿世，即使为此要付出名利代价，也在所不惜。20 世纪 80 年代，面对压力，他仍坚持生产资料的商品属性这个观点，执意保留《中国物资经济学》中的物资市场这一章，这就是一个典型的例子。可以说，在杨老身上，坚持洁身自好、不苟邪恶、择善固执，主张在社会科学的学术研究中要有大智大勇，恰是西南联大校训“刚毅坚卓”所倡导的精神的自然延伸。这种精神值得晚辈后学努力继承并发扬光大。

如今，我的导师杨学淇教授和师母郑兰芝教授都已进入耄耋之年，杨老也已卧病在床好几年了。从战争到和平，从十年浩劫到拨乱反正，从被组织“控制使用”到落实政策后被接纳入党，这一代学者走过了那么多的坎坷和波折，能够坚持走到今天，实属不易。作为杨老的弟子，除了向老一辈学者致上敬意，我还有一个心愿，那就是希望病魔能够高抬贵手，让我的恩师能够享受到平平安安、健康喜乐的每一天。

借此机会，我也要向收留和培养了我的母校表达感恩之心，谨向我的老师、同行、校友和学弟学妹们致意。让我们彼此勉励，为了更加美好的明天，努力奉献自己的勇气和智慧。

张群群
2013 年 6 月 29 日
写于京北寓所